WU CHANG

武昌历史文化丛书编委会／编

【武昌历史文化丛书】

Wuchang Feiwuzhi Wenhua Yichan

武昌非物质文化遗产

葛文凯　王洪强　主编

武汉出版社
Wuhan Publishing House

(鄂)新登字 08 号

图书在版编目(CIP)数据

武昌非物质文化遗产 / 葛文凯,王洪强主编. — 武汉：武汉出版社，2020. 12
(武昌历史文化丛书)
ISBN 978-7-5582-3971-7

Ⅰ. ①武… Ⅱ. ①葛… ②王… Ⅲ. ①非物质文化遗产-介绍-武昌区 Ⅳ. ①G127.634

中国版本图书馆 CIP 数据核字(2020)第 195845 号

主　　编:葛文凯　王洪强
出 品 人:朱向梅
策划编辑:胡　新
责任编辑:杨　振
封面设计:马　波
出　　版:武汉出版社
社　　址:武汉市江岸区兴业路 136 号　　邮　　编:430014
电　　话:(027)85606403　85600625
http://www.whcbs.com　　E-mail:zbs@whcbs.com
印　　刷:湖北新华印务有限公司　　经　　销:新华书店
开　　本:787mm×1092mm　1/16
印　　张:13　　字　　数:170 千字
版　　次:2020 年 12 月第 1 版　　2020 年 12 月第 1 次印刷
定　　价:30.00 元

序 一
Preface

“求木之长者，必固其根本；欲流之远者，必浚其源泉。”一个城市的生命和灵魂，来自深厚的历史底蕴与坚实的文化内核；一个城市的品位和底气，离不开强大的文化自信与不竭的创新动力。挖掘历史资源、激活文化基因，事关精神命脉的传承，事关城市的永续发展。

有着近一千八百年建城史的武昌，历史悠久，文脉绵长。在这里，一座古城，风韵悠然，阔步前行，穿越千年沧桑；一处名楼，文人墨客，咸集诗赋，各领绝代风骚；一件大事，辛亥首义，敢为人先，改变中国历史；无数英豪，指点江山，前仆后继，浴血谱写辉煌。因为有了历史和文化的充分滋养，武昌始终生机勃勃、活力无限，为荆楚文化在中华文明总谱系中留下独特的基因和符号提供了丰富的给养。这片有着绚烂历史和强烈魅力的土地，一直等待着我们去发现、去感受、去领略、去彰显。

正因如此，我们有优势、有情怀，更有责任、有义务弘扬武昌的优秀历史文化，把武昌故事讲好，把武昌自信提升好，把武昌力量凝聚好。与其他展示武昌历史文化的论著不同，这套丛书全面系统梳理了多年散落在民间、口口相传的武昌老故事，通过精心的考证，深入挖掘其中蕴含的思想观念、人文精神和道德规范，并适应时代发展进行继承和创新，凸显出武昌发展的个性和魅力——从这个层面上讲，这套丛书的意义已经远远超出了文史资料的价值，它是武昌文脉的复现，为活化武昌文化遗产、树立武昌城市精神、提振市民精气神将作出独有的贡献。

丛书立足武昌历史根脉，突出武昌文化核心元素，在时间上自公元223年孙权建筑夏口城起至20世纪60年代，在空间上以武昌区现在的行政区划为主，分为“综合”“武昌人物”“武昌风物”“武昌景物”“武昌文物”和插画版“武昌指南”六个系列，将为武昌发展作出重大贡献的历史人物、影响历史进程的重大事件与武昌地域特色文化相结合，用群众喜闻乐见的语言讲历史故事、叙文化传统、说武昌古今。本书内容上具备理论高度、学术价值和思想深度，形式上明白晓畅，通俗易懂，能够激起读者情感共鸣，兼具历史性、时代性、知识性、可读性与权威性，可谓宣传推介武昌的集大成之作。

今天，武昌的经济体量已进入“千亿级”时代，站在新的起点，文化软实力正是提升我们综合竞争力和可持续发展能力的关键因素。习近平总书记说，“文化自信是一个国家、一个民族发展中更基本、更深沉、更持久的力量”，在建设创新型城区和国家中心城市核心区的征程上，我们更要“以古人之规矩，开自己之生面”，更要坚守中华文化立场，传承中华文化基因，展现中华审美风范。愿我们携起手来，共同努力，让传统文化与现实文化相融相通，让个体情感与集体情感同频共振，为新时代武昌的改革创新发展注入每一个人的家国情怀！

为策划、编纂和出版这套丛书，一大批专家学者以及许多市区老领导、政协委员都倾注了深厚的感情，为丛书的诞生奠定了坚实的基础，在此，由衷感谢他们为发展、延续武昌历史文化付出的巨大心血！

刘　洁

2018年12月

序　二
Preface

酝酿已久的《武昌历史文化丛书》终于要正式出版了，作为一个历史工作者和这套丛书的专家委员会主任，我感到由衷的高兴，十分乐意借写序的机会，同大家分享一下我的几点感想。

第一，为什么要出版《武昌历史文化丛书》？

武汉三镇之中，当属武昌的历史最为悠久，早在春秋战国时期，楚国就在这一地区设有封君夏侯。三国时期，孙权将东吴政治中心迁鄂（今鄂州市），寓“以武而昌”之意，改鄂名为“武昌”，这是武昌之名的由来。公元 223 年，孙权在江夏山（蛇山）筑夏口城，从而开启了武昌古城的历史，至今已近一千八百年。从元代设湖广行省起至清末，武昌一直是省级大区域行政中心。北伐战争后，改武昌县为武昌市。1927 年，武汉三镇在行政区划上正式统一为一市。1949 年武昌解放后，成为中共湖北省委、省人民政府所在地，在 1952 年调整区划后，正式成立武昌区人民政府。

千百年来，武昌因其独特的地理区位，始终处于社会变革的最前沿，承载着中华民族波澜壮阔的历史变迁，书写着气势磅礴的历史画卷。武昌人文底蕴深厚。屈子行吟，崔颢题诗，李白唱和……近代以来，张之洞督鄂，兴实业，办教育，练新军，新旧学堂并起，东西文化交融，风气大开，武昌由此奠定了全省文化中心的地位，诚如张之洞题黄鹤楼楹联中云：“昔贤整顿乾坤，缔造先从江汉起；今日交通文轨，登临不觉亚欧遥。”武昌自然风光秀丽。东湖、沙湖、紫阳湖等，妩媚多娇；洪山、蛇山、珞珈山等，玲珑别致；黄鹤楼、宝通寺、长春观等，景色优美。山灵水秀，人文荟萃，让武昌成为最适宜居住的城区。

武昌历史悠久、文化厚重、科教区位优势明显，是武汉的城市文化名片，而《武昌历史文化丛书》正是一套向世人充分展示武昌这座历史文化名城的独特魅力和风采的作品。

第二，如何编好《武昌历史文化丛书》？

武昌是武汉文脉沉淀之地，积累了丰厚的文化资源，如黄鹤楼文化、辛亥首义文化、名人文化等，此前也有若干零星介绍武昌历史文化的图书，而这套丛书则是第一次全面系统梳理千年古城的历史文化、系统挖掘武昌历史文化资源的重要工程。

本丛书在整体设计上分为六个系列，形式新颖，内容全面，体系完整，时间上从公元 223 年至 1960 年代；空间上以现有武昌区行政区划为主，必要时以历史上的大武昌概念为界定，将为武昌发展作出重大贡献的历史人物、影响历史进程的重大事件与武昌地域特色文化相结合，激活武昌文化基因，展现真实、立体、全面的武昌，集中呈现武昌深厚的文化底蕴。

在作者的选择上，着重选择了对武昌历史文化素有研究的专家学者；在内容上，利用新史料，体现研究新成果，集历史性、权威性、知识性、可读性于一体；在形式上，采取图文并茂的形式。

第三，编撰《武昌历史文化丛书》的意义何在？

习近平总书记在党的十九大报告中指出：“文化兴国运兴，文化强民族强。没有高度的文化自信，没有文化的繁荣兴盛，就没有中华民族伟大复兴。”只有对自身文化有高度的自信，才可能带来武昌的繁荣兴盛。在新时代下，启动这套丛书的编撰，既体现了武昌区委、区政府的远见，也可谓正逢其时。

该丛书既是在新时代第一次全面、系统挖掘武昌历史文化资源的重要文化工程，也是响应市委、市政府建设“历史之城、当代之城、未来之城”号召的实践成果，更是加快建设现代化、国际化、生态化大武汉，全面复兴大武汉的具体举措，功在当代，利在千秋。

本丛书立足武昌，深入挖掘其中所蕴含的思想观念、人文精神、道德规范，并结合时代要求继承创新，突出展示武昌最具特色的核心文化元素，集中挖掘城区的文化根脉，讲好武昌故事，传承历史文化记忆，对于传承武昌区优秀的历史文化、提升居民文化自信、推进城区文化建设具有重大的现实意义，必然成为武汉市打造国家中心城市和世界亮点城市规划中绚丽的一环。

关于学习历史的意义，习近平总书记在中央党校建校 80 周年庆祝大会暨 2013 年春季学期开学典礼上讲道：“学史可以看成败、鉴得失、知兴替。”从武昌悠久、丰厚的历史文脉当中，我们也一定可以看清她的成败、得失、兴替，从而以更加清醒的头脑和更为厚重的历史感，借改革开放四十年的东风，更好地了解武昌、建设武昌、发展武昌。

是为序。

马　敏

2018 年 12 月于武昌桂子山

前　言
Foreword

人类在漫长的历史发展中创造了丰富多样的文化遗产，包括物质形态的文化遗产，也包括非物质形态的文化遗产。非物质文化遗产是人类在社会历史实践中创造的具有文化价值的精神财富传承，由相关的实物载体、行为方式和文化场所（文化空间）所体现，包括传统文化的各种表现形式，即口头文学及其表述的语言，美术和表演艺术，有关自然界及生产生活的知识与技艺，礼仪节庆等民俗、体育和游艺活动等。

非物质文化遗产作为以人为本的活态文化遗产，往往带有深刻的传统文化烙印，并通过生活于特定地域的人群世代传承，逐渐融入人们的日常生活和精神世界，随着主客观条件的变化而发展创新。所以，相对于物质文化遗产，非物质文化遗产具有活态性、原生性、传承性、变异性和娱乐性等特点。所谓“一方水土养育一方人，一方人创造一方文化”，非物质文化遗产具有鲜明的地域色彩，凝结了独特的地方性传统知识，不少“非遗”名称甚至直接冠以地名。

城市作为依托特定地域而形成的具备一定功能的聚落，经过一定时期的历史发展，往往会遗留丰富的、与市民日常生活密切相关并世代传承的传统文化表现形式及文化空间，由此形成若干项承载有市民的生产生活方式、思维习惯、审美理念及精神特质并具有传承价值的城市非物质文化遗产。保护传承和发展利用非物质文化遗产，在全球及国家层面，有助于促进文化繁荣、保持人类文化的多样性和文化生态平衡，增强民族凝聚力和国家软实力；在地方及城市层面，则有助于丰富市民文化生活，促进文化资源的利用，发展文化创意产业，进而彰显城市文化底蕴，延续城市文化记忆，提升城市文化形象和品位。

武昌具有近1800年的建城史。在通常所说的“武汉三镇”中，武昌是教育昌盛、人文荟萃之地。其中，作为武昌丰厚文化积淀的重要组成部分，数十项类型丰富而独具特色的非物质文化遗产，至今仍在城市发展和市民生活中活态传承。截至目前，登记建档的武昌区非物质文化遗产有60多项。作为见证并延续历史的活化石，这些非物质文化遗产生发于武昌区特定的地理环境和发展历史，根植于本地市民的生活方式、思维习惯和审美理念之中，表现出一定的地方性特点。

武昌建城很早，明清以来又成为湖北政治与文化中心，文化底蕴深厚，其历史悠久的名胜古迹、内涵丰富的三教思想、特色鲜明的荆楚文化，都融入了本地非物质文化遗产的形成与发展之中。地处武昌的黄鹤楼作为武汉知名景点，与西安大雁塔、巴黎圣母院、意大利比萨斜塔等名胜一样，是一个城市的文化地标。黄鹤楼虽屡毁屡建，但内涵丰富的黄鹤楼传说，却长期在民间广为流传，颂扬普通老百姓聪敏勤劳和知恩必报的传统美德。作为非物质文化遗产的"黄鹤楼传说"，不仅与大量传世的黄鹤楼诗文一起，从不同角度展现了黄鹤楼历史的厚重，而且将黄鹤楼融入市民生活和城市文化中。中国传统文化的精神主干源于儒、释、道三教。从物质文化遗产方面而言，武昌区现有多处寺庙和道观，城内原本也有文庙和贡院；与此同时，武昌区也有不少与儒、释、道三教相关的非物质文化遗产。比如，"二十四孝"的"孟宗哭竹生笋"故事及其流传，说明儒家孝文化在本地具有悠久的传统。得益于传统道教和佛教的文化创造力及其民间化、生活化的趋势，武昌区也保留了较多的与道教或佛教有关的"非遗"项目，如"武当纯阳拳""武当纯阳剑""全真派宫观音乐""道医""宝通寺素食"与"长春观素食"等，这些文化事象源自传统，贴近生活，并在实践中丰富完善。荆楚文化是悠久的中华文明的重要组成部分，在中华文明发展史上地位举足轻重。春秋战国以降，今武汉及周边地区均属于荆楚文化圈。明清以来，荆楚文化要素在武汉城市发展中得到了汇聚与突显。受此影响，武昌区出现了不少具有楚文化背景的"非遗"项目，如"'惟楚有材'传说""楚式古乐器制作技艺""楚国编钟乐舞"等。

武汉地处长江与汉江交汇处，是一座照耀着革命光辉的城市，也是一座充满着市井气息的城市。以此来形容因武而兴、由商而盛的武昌，也同样成立。从辛亥革命开始，作为湖北政治中心的武昌又成了革命活动风起云涌之地。在今天的武昌区范围内，与近现代政治改革、新旧民主革命相关的文化遗产非常丰富，其中也包括“武昌起义故事”等非物质文化遗产。

武汉被称为“江城”，也被誉为“九省通衢”，在地理上得水居中，交通便利，四方商贾汇集于此。商业贸易的兴盛，繁荣了日常消费和大众娱乐，推动了消费品和工艺品的生产与创新，催生了不少传统技艺，传统医药，传统美术，传统体育、游艺与杂技等不同类别的非物质文化遗产。比如，“民以食为天”，武昌区的特色饮食因应市民日常生活之需，不断传承并推陈出新，相关技艺、传说已成为最接地气的非物质文化遗产类别之一。其中，“武昌鱼”“洪山菜薹”是具有地理标识意义的食材；“曹祥泰京果制作技艺”“扬子江传统糕点制作技艺”的传承则得益于城市商业的发达。市井气息浓厚的武汉“过早”习俗，则深深根植于市民的生活习惯之中。“武汉面窝制作技艺”“武汉老谦记传统豆丝制作技艺”都源自市民“过早”的饮食习惯。香气四溢的热干面，早已成为武汉人“过早”的主角，虽传闻其源自码头文化，却被世人誉为典型的汉味早餐料理，在中国饮食文化中也颇负盛名，武昌区的“蔡林记”则堪称热干面经典品牌。

总体而言，武昌区作为武汉市主城区之一，其非物质文化遗产所呈现的特点与市内其他地区具有相同之处，但也有自己的特点。这一特点可能在于本地非物质文化遗产更多地体现了传统与现代、精英与大众的互相影响与融合再生，也体现了武昌作为文化中心的影响力与创造力。

这些多姿多彩的非物质文化遗产不仅是城市发展中难能可贵的文化财富，更是市民生活中不可缺失的精神家园，其保护工作需要社会广泛参与。但由于非物质文化遗产具有活态传承的特殊性，因此，保护非物质文化遗产，比保护物质文化遗产更为复杂，更具有挑战性。非物质文化遗产的保护工作急迫而繁重，从调查认定、记录建档，到申报名录体系、完善传承机制、维护文化空间等，每一个环节都有赖于各级领导的大力支持和专业人士的细致工作。

近年来，武昌区深入贯彻落实《湖北省非物质文化遗产条例》和《武汉市非物质文化遗产保护条例》，不断完善“非遗”保护制度体系建设、优化“非遗”传承环境、提升“非遗”传承能力和实践活力，深入收集、挖掘、整理本地区非物质文化遗产资源，建立了完备的区级“非遗”名录保护体系。目前，全区被列入国家、省、市、区级保护的“非遗”项目共63项，其中国家级项目2项，省级项目6项，市级项目18项，区级项目37项，包括民间文学，传统美术，传统音乐，传统舞蹈，传统技艺，传统体育、游艺与杂技，传统医药，民俗等八大类。

为了进一步推动“非遗”保护工作，武昌区文化和旅游局组织编写了《武昌非物质文化遗产》一书。希望以概览的形式，对全区非物质文化遗产项目进行一次集中展示，方便读者全面了解。相信能借此提高人们对

“非遗”的认识，以便更好地对全区“非遗”加以保护和利用，促进武昌区城市文化建设，守护我们共同的文化遗产。

当然，非物质文化遗产的保护和传承是一项长期而艰巨的工作，我们相信在各级领导和社会各界的关心与支持下，在武昌区文化和旅游局“非遗”中心的指导与组织下，武昌区非物质文化遗产保护工作的力度将会逐步加大，调查和申报工作将会继续推进，传承机制将得到进一步完善，文化空间将得到更好维护，真正让非物质文化遗产活起来。届时，作为武汉的文脉所在，武昌的城市文化品位将得到进一步提升，人们的文化生活也将更加丰富多彩！

2020 年 9 月

目　录 / Contents

一、马应龙眼药制作技艺

级别：第二批国家级非物质文化遗产扩展项目名录

类型：传统医药

马应龙眼药制作技艺由来已久。马应龙眼药创制于明朝万历十年（1582年），距今已有400多年的历史。创始人为马金堂，出生于河北省定州的一个书香世家，从小对中医产生了极大的兴趣，潜心研究医学著作，并通过大量的临床实践，研制出一种适用范围广泛的眼药，采用牛黄、麝香、梅片、琥珀、珍珠等八味名贵的中药制成，名为“定州眼药”（又名“八宝眼药”）。因药效好、价格低，且马金堂在给穷人看病时，经常免费送药给他们，“定州眼药”由此美名远扬。

马应龙是马金堂的后人，他在定州北街开了一家药店，以制造和经营眼药为主，并在定州眼药的基础上加以改良，制成了马应龙眼药，对于风流泪、老眼昏花、内外两障、红肿烂眼等都有很好的疗效，在定州当地树立了很好的口碑。然而因为年岁已高，马应龙并没有把眼药向全国推广。马应龙的后裔马万兴决心闯出一条更宽广的路，他离开家乡，带了几个家人和帮工，连同大量马应龙眼药来到京城。道光年间，马万兴在北京前门外设庄经销，几经曲折，终于声名鹊起。在当时北京流传着这样的民谣：“身穿瑞蚨祥（布店），脚踏内联升（鞋店），头顶马聚源（帽店），眼看马应龙（眼药店）。”这表明，“马应龙眼药”已成为

马应龙“非遗”标牌

北京人交口称赞的名牌产品了。

到了20世纪初，南方眼药市场发展迅速，马家准备将汉口作为南方眼药市场的经营中心。1919年，马岐山带着祖传的制药工具来到汉口，开业时没有做广告，只是在店铺门楣写了一行大字——北京马应龙定州眼药分店。由于马应龙眼药名声、信誉极佳，因此一开业就有不少人光顾，不久便在省内和南方其他地区均开设了分店，业务量不断上升，马应龙眼药的名声在南方市场打响。

历经明清、民国时期的发展，新中国成立后，汉口马应龙生记眼药店逐渐发展成为全国的生产中心，后来改组为马应龙生记制药厂。1956年，马应龙生记制药厂参加公私合营，至1966年改名为武汉第三制药厂，今名为武汉马应龙药业集团股份有限公司。

马应龙眼药制作技艺传承至今，始终在不断发展。从明朝开始，“马应龙”就以制造和经营眼药为生。20世纪80年代，我国农村的医疗卫生条件差，缺乏药物，一位农民在痔疮发作时难以忍受，便用马应龙眼药涂在患处应急，没想到痔疮有所好转，最终痊愈。自此之后，人

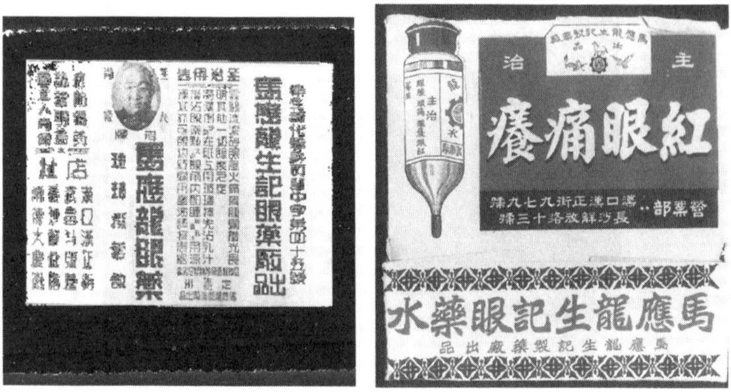

马应龙眼药广告

们遇到蚊虫叮咬、皮肤瘙痒等都用马应龙眼药来治疗，马应龙眼药因此也被誉为“万能药”。听闻此消息，马彩丽开始研发新药，她是马应龙传统眼药制作技艺第十四代传人，曾任马应龙药业集团股份有限公司高级药剂师，主要负责马应龙传统产品的原料炮制、处理、配制等核心技术工作和质量管理工作。她自幼继承家学，在牢固掌握传统技艺的前提下，将传统工艺与现代制药技术相结合，取长补短，不断创新，不久后研发出了赫赫有名的“马应龙麝香痔疮膏”。2004 年，马应龙公司推出了黑眼圈眼霜等新产品，成了一家横跨制药、研发、零售、连锁医院等多个领域的多元化公司。

每种中药方剂都有自己独特的功效，马应龙眼药也不例外。历经 400 多年的发展演变，马应龙眼药制作技艺在今天也依旧有着十分重要的价值。

在文化传承方面，由马应龙眼药发展而成的马应龙药业，在不断对传统制药技艺进行传承和创新的同时，也加大了对马应龙品牌历史文化的保护，后人时刻遵守着“做事勤勉，治业求真，以勤治店，以真夺人”

二、黄鹤楼传说

级别：第三批国家级非物质文化遗产名录

类型：民间文学

“黄鹤一去不复返，白云千载空悠悠。晴川历历汉阳树，芳草萋萋鹦鹉洲。”唐代诗人崔颢之诗意境深远、耐人寻味，其描写的正是与岳阳楼、滕王阁并称“江南三大名楼”的千年古楼——黄鹤楼。

黄鹤楼传说是以黄鹤楼为故事主体，并围绕其展开的传说组群。将

黄鹤楼

黄鹤楼传说付诸文字的版本最早可以追溯到南北朝时期祖冲之所撰的志怪小说《述异记》，现已失传。幸南朝梁代任昉的《述异记》以及唐宋时期的类书中尚有关于该传说的文字记载，其中有讲述荀瑰与驾鹤仙人欢对之事，全文如下：

> 荀瑰，字叔伟，尝东游，憩江夏黄鹤楼上，望西南有物飘然降自霄汉，俄顷已至，乃驾鹤之宾也。鹤止户侧，仙者就席，羽衣虹裳，宾主欢对。已而辞去，跨鹤腾空而灭。

目前首次提及“黄鹤楼传说”的正史则为南朝萧子显的《南齐书·州郡志下》（卷一五）：

> 夏口城据黄鹄矶，世传仙人子安乘黄鹄过此上也。边江峻险，楼橹高危，瞰临沔、汉，应接司部，宋孝武置州于此，以分荆楚之势。

关于黄鹤楼的起源，较公认的说法为：黄鹤楼建于三国时代，吴王孙权建其作为瞭望楼，在漫长的历史岁月中几经毁坏重建，最终成为我们所见的“天下绝景”。关于“黄鹤楼”之名的由来，坊间存在众多版本，广为流传的一种说法可见于明万历年间的《列仙全传》：

> 费文祎，字子安，好道得仙，偶过江夏辛氏酒馆而饮焉。辛复饮之巨觞，明日复来，辛不待索而饮之。如是者数载，略无吝意。乃谓辛曰：“多负酒钱，今当少酬。”于是取橘皮向壁间画一鹤，曰：“客来饮，但令拍手歌之，鹤必下舞。”后客至饮，鹤果蹁跹而舞，回旋宛转，曲中音律，远近莫不集饮而观之。逾十年，辛氏家资巨万矣。
>
> 一日子安至馆曰：“向饮君酒，所偿何如？”辛氏谢曰：

黄鹤归来图

“赖先生画鹤而获百倍，愿少留谢。”子安笑曰：“未讵为此？”取笛数弄，须臾，白云自空而下，画鹤飞至子安前，遂跨鹤乘云而去。辛氏即于飞升处建楼，名黄鹤楼焉。

大意为一位贫穷的道士常到辛氏所开的酒庄喝酒而不付酒钱，辛氏却从未怠慢，总是热情慷慨地请对方喝酒。有一天，这位道士取橘皮在酒庄墙上画了一只会临掌起舞的黄鹤，之后便飘然而去。多亏这只神奇的黄鹤，辛氏积攒了许多财富。十年后道士重访酒庄，跨鹤离去。为了纪念这位道士，辛氏盖了一栋楼，取名为“黄鹤楼”。

黄鹤楼传说历史悠远，与屡毁屡建的黄鹤楼相辅相成。这些传说或为神秘奇诡的神话传说，或为风流浪漫的名人轶事，其基本篇目有“子安驾鹤”“费祎升天”“仙人吹笛”“橘皮画鹤”等数十篇。这些多姿动人的传说故事来自民间，带有深厚的文化内涵与地方特色，具有极高的文化价值，是武汉民间文化的瑰宝，亦为黄鹤楼的灵魂所在。2011 年，“黄鹤楼传说”被列入第三批国家级非物质文化遗产名录。

现今与黄鹤楼传说相关的历史遗存实物被陆续发掘与阐释，为黄鹤楼的传说故事和遗迹增添了新的记忆。黄鹤楼历史文化专题收藏家姜普林被誉为黄鹤楼宣传、收藏第一人，于 2019 年入选第四批武汉市级非物质文化遗产项目代表性传承人名录。作为“黄鹤楼传说”的传承人，姜普林走访北京、郑州、珠海、南昌、景德镇、洛阳、合肥、阜阳、黄石等数十个地区的收藏市场、古玩城，并善用淘宝等网络途径，收集有关黄鹤楼民间传说的历史遗存实物，挖掘背后的历史故事及传说。

姜普林通过调查、寻访，找到了黄鹤楼早已消失的景点“洞宾仙迹”（摩崖石刻），且先后收集黄鹤楼传说的相关实物资料有：罕见的绘有黄鹤楼、晴川阁的民国早期湖北省旧赋证券；清代民间抄本《黄鹤楼》；民国时期吉云生钱庄银票；民国时期湖北省银行纸币全套（均有古黄鹤楼、晴川阁图）；稀有的清代黄鹤楼、奥略楼、抱膝亭、孔明灯老照片数十张；清代马口窑黄鹤楼诗文罐四件套；1949 年华中区发行的《黄鹤楼图》《江汉关图》邮票一套六枚；清道光年间郑若檀撰写的《浣心处诗草》古籍线装书一册；“文革”时期绘有黄鹤楼图、毛泽东黄鹤楼诗词的像章；等等。2017 年 6 月，这些见证黄鹤楼历史文化传说及传承的实物资料被全部捐赠给黄鹤楼公园管理处用于黄鹤楼文博馆的兴建。姜普林亦对黄鹤楼传说进行挖掘整理，编辑有“黄鹤楼的传说”“仙境的传说”“新建黄鹤楼”“洞宾仙迹的传说”“戏说黄鹤楼”等 39 篇民间传说和故事。

黄鹤楼传说作为黄鹤楼的灵魂所在，如同黄鹤楼的活招牌一般走遍天下，吸引了世界各地的目光。改革开放以来，武汉与日本、美国、荷兰、法国等国家均实现了城市之间的友好往来，其中，黄鹤楼传说充分发挥了名片的作用，使客人欣赏美景的同时可以更好地感受中国文化的独特魅力，促进我国与世界各国文化之间的友好交流。

三、“孟宗哭竹生笋”故事

级别：第一批湖北省级非物质文化遗产扩展项目名录

类型：民间文学

《二十四孝》有诗云：“泪滴朔风寒。萧萧竹数竿。须臾冬笋出。天意报平安。”这几句诗说的正是“孟宗哭竹生笋”的至孝故事。

三国时期江夏（今武汉市武昌区）人孟宗，年幼丧父。母亲年老病重，冬天想吃鲜笋炖的汤，但适值严冬，孟宗前往竹林中找不到鲜笋，无计可施，想到家中的母亲，十分哀伤，抱着竹子痛哭。这一行为感天动地，不一会儿地面便裂开，长出数茎嫩笋，孟宗拿回去为母亲做汤，母亲吃完，病竟痊愈了。

2011年，“‘孟宗哭竹生笋’故事”入选第一批湖北省级非物质文化遗产扩展项目名录。

现存最早的“孟宗哭竹生笋”故事见于《三国志·吴书·孙皓传》裴松之注引《楚国先贤传》：“宗母嗜笋，冬节将至，时笋尚未生，宗入竹林哀叹，而笋为之出，得以供母，皆以为至孝之所致感。”

元代郭居敬（另说有郭守正、郭居业）编的《二十四孝》也有记载：“晋孟宗，少丧父。母老病笃，冬日思笋煮羹食。宗无计可得，乃往竹林中，抱竹而泣。孝感天地，须臾地裂，出笋数茎，持归作羹奉母。食毕，病愈。”元末江苏武进人王达善编的《二十四孝》与明代谢应芳的

孟宗哭竹生笋

《龟巢稿》卷九《二十四孝赞序》也收录了孟宗事迹。

由于“哭竹生笋”故事发生地在武昌，孟宗母之墓在凤凰山麓，现武汉市武昌区内有多处孟宗及“哭竹生笋”故事遗存地。在武昌蛇山和凤凰山之间有许多孟宗及“哭竹生笋”故事的纪念地依稀可以辨认。如都司署旧址“孟井”井栏杆，凤凰山下“孟宗哭竹生笋处”七字石碑，凤凰山麓“吴司空孟母墓园”，蛇山北麓孝感王祠（奉祀孟宗），大东门外双峰山（今长春观）“忠孝祠”及其附近的“忠孝门”（今小东门）等。

“孟宗哭竹生笋”作为至孝故事，具有明显的社会教化功能。从自然科学的角度看，此故事有一定的夸张和荒诞色彩。若进行历史考证，记载于《二十四孝》中的“哭竹生笋”故事也颇有歧义。然而自元代起，“哭竹生笋”故事作为“二十四孝”之一，深入百姓之家，我们更应该看到这一故事之中对善推崇、宣扬孝道的内涵。

时至今日，包含“孟宗哭竹生笋”故事的“二十四孝”故事也在翻新与再版，如2010年苏州大学出版社出版的《二十四孝故事（中英文对照）》、2014年中国社会出版社出版的《历史二十四孝故事新编》等。现代社会重新整理出版至孝故事书籍，有助于持续发挥其社会教化功能，传承与弘扬故事中源远流长的孝道精神。“孟宗哭竹生笋”故事作为中华民族传统美德的重要载体，为中国人重建新的道德体系与价值认知体系提供了营养，是中国当代精神文明建设的重要参照。

四、武当纯阳拳

级别：第二批湖北省级非物质文化遗产名录

类型：传统体育、游艺与杂技

“武当纯阳拳”属于非物质文化遗产中的传统体育、游艺与杂技类。“纯阳”一词，始于道家北五祖之一的吕洞宾，他以“纯阳”为号，后世称之为“纯阳真人”。据汪兆辉先生所著《武当纯阳拳炼养全书》中记载：吕洞宾，唐朝京北人氏，号纯阳，为道教全真北五祖之一。吕洞宾自称云游四海，访遍名山大川，渡人无数，后至武当。吕洞宾集老子的《道德经》、列子的《清虚经》、庄子的《南华经》以及《周易》的丹经思想，又上承东汉时期正统道家魏伯阳《周易·参同契》的丹法，创立了丹经炼养之道。纯阳真人在中兴道家与道教的同时，别具风格地创立了道宗武学。武当纯阳拳由此产生。

自纯阳祖师吕洞宾演化纯阳走步之后，由华山希夷真人陈抟传世。希夷真人在金元时期传“八部纯阳”于王重阳，后王重阳在山东境内昆仑山修建道观，广开道教一脉，传全真道，尊吕洞宾为全真纯阳宗师，后传“八部纯阳”于其弟子丘处机。丘处机，号长春子，得重阳祖师真传后，于陕西龙门山开全真教龙门山派之宗，世称全真龙门派。全真龙门派在丘处机道长的引领下影响日盛，纯阳祖师炼养之术也随着全真龙门派的发展而得以传承。至明朝中期，武当山五龙宫全真龙门派第十一

“武当百杰”奖牌

代弟子卓一清道长独具纯阳秘术。武当宫王至道道长所录《纯阳道秘全录》记载了纯阳秘术的传承：“八部纯阳”由卓一清道长传给阳中子，阳中子传给复尘道长，复尘道长传给鹤清道长，鹤清道长传给狄生道长，狄生道长传至武当玉虚宫龙心道长，龙心道长在玉虚宫秘传给王至道。据《湖北武术史》记载：清光绪年间，武当山道士王至道（号鱼化龙），从龙心道长学得此拳。1927 年，王至道住武昌蛇山武当宫时密授与刘定国。1971 年刘定国始传于武昌人汪兆辉。至此，在道家秘传千年的“八部纯阳”，始传于民间。

20 世纪 80 年代初，我国进行了全国范围内的武术挖掘整理工作，作为道家“八部纯阳”当代传承人，汪兆辉先生被调至湖北省体委武术挖掘整理小组工作，“武当纯阳拳”的命名也是在这次挖掘整理工作中被确定下来的。1986 年，汪兆辉先生代表湖北参加全国武术观摩交流大会，做了武当纯阳拳的表演交流，荣获国家体委颁发的“金狮奖”。在武术挖掘整理工作期间，汪兆辉在湖北省体委武术挖掘整理小组的帮助下将武当纯阳拳整理成书，名为《武当纯阳秘功》，于 1988 年由海南人民出版社出版发行。

自吕洞宾祖师开创“八部纯阳”走步养生之后，经过纯阳拳历代传人对“八部纯阳”的不断丰富与提炼，逐步形成以文化、养生、导引、技击于一体的道家养生功法体系。武当纯阳拳整体以《河图》《洛书》之理，即左旋相生、右转相克为基本理论，讲究“三圆六部九字归一”之法，即以武当纯阳拳在行拳走架之中通过人体的肩、肘、胯、膝、腕、踝六大关节部位的协调配合，使手、步、腰三盘圆活运转，体现出穿连手圆、屈腿步圆、旋转腰圆，在动势中做到柔活灵便、气沉丹田、心意气力相结合，从而达到“心、意、气、力、动、活、沉、柔、灵”九字归于一体，即达到秘籍中“三圆六部形于外，九字真诀动于内”的道家修身养性的上乘内修秘法。

武当纯阳拳作为传统武术的一支，素有“三技八部”之说。所谓“三技”，是指武当纯阳拳的内容分为纯阳功法、纯阳拳法和纯阳剑法三大技艺。而所谓“八部”，则是从养生的角度将整个武当纯阳拳炼养体系划分为归丹、沉丹、聚丹、守丹、还丹、抱丹、蓄丹、静丹八个炼养内丹的阶段，即通过“归、沉、聚、守、还、抱、蓄、静”丹道八字秘诀之功，运用“起顿、吞吐、旋转、穿翻、缠绕、滚化、循抚、圆活”炼养八法，练成“精、气、神、韵、灵、性、积、养”八字功德。

中医理论体系中的阴阳五行学说和藏象经络学说在武当纯阳拳拳理中有所体现，如中医养生注重五脏坚固、脾肾为本、经气流通、血脉和调、气血充沛、动静适度、保养精气的养生观，而这些理论对武当纯阳拳在千百年的发展进程中提供了理论指导，如武当纯阳拳中有一套五行阴阳掌，其拳理就受到中医养生五行阴阳的影响。其歌诀有云：“风摆旗轮养心强，阴阳缠翅疏肝畅，内缠外绕调达脾，八字分合养肺气，展

传承人汪兆辉练拳

翅双封益肾精，五行四象手中行。”通过风摆旗轮、阴阳缠翅、内缠外绕、八字分合、展翅双封五种炼养手法，可以对人体心、肝、脾、肺、肾五行内脏进行滋养强化。武当纯阳拳体系中关于五脏的炼养有很多。武当纯阳拳五行桩功中，坎桩、离桩、中桩、震桩、兑桩通过五势导引五行而运动五脏，其歌有云：“坎为水主练肾，离为火主练心，震为木主练肝，兑为金主练肺，中为土主练脾。”中医强调人体五脏之中以脾肾为本，因为肾为先天之本，脾为后天之本，因此从养生角度而言，脾肾两脏功能的正常发挥更为重要。武当纯阳拳吸收了中医养生的思想，在练功中汲取日月天地之精华，以后天汲养之精微来补充先天。以先天促后天，后天之精补先天之精而得精足，后天之气补先天之气而得气充，后天之神补先天之神而得神溢，精足、气充、神溢则韵在其中。

武当纯阳拳各种功法拳式遵循太极阴阳法则，由一圆之始穷极变化，由简入繁，由浅入深，蕴含着丰富的武学知识与玄妙的武学技艺。练习武当纯阳拳，对个体的身心健康和道德修养均有极大助益。

2009 年 5 月，“武当纯阳拳”被列入第二批湖北省级非物质文化遗产名录。

五、曹祥泰京果制作技艺

级别：第四批湖北省级非物质文化遗产名录

类型：传统技艺

“曹祥泰京果制作技艺”早在2013年就被列入第四批湖北省级非物质文化遗产名录。“曹祥泰”这个老字号企业在武汉历经了百年兴替，传承“选料认真，生产规范，做鲜卖鲜”这三大传统，其生产的“京果”口味地道，表明了传统的制作技艺现得到了合理的保护。

“京果”由来已久，早在清朝时期，地方向中央进贡的果品在地方就称为“京果”。不过，随着时代的变化，京果早已成为平民百姓家中的过节茶点，不同地区的人们都会在节日食用京果。京果多为糯米炸制的形似花生的点心，武汉的京果则比较特殊，形似鸽蛋。很多外地人只知武汉人常以热干面“过早”，却不知老武汉人常用京果冲蛋作为早点。京果对于年轻一代人来说，可能是一个相对陌生的词汇，但是对于老一辈人，尤其是老武汉人来说，却是过节必备的点心。

说起京果，便会与“曹祥泰”这个老字号联系在一起。曹祥泰的历史，可以追溯到清光绪年间。创始人曹南山，武昌城外卓刀泉人，13岁时丧父，为了助母亲养活两个弟弟，他向街坊借钱，提篮叫卖炒蚕豆。别人卖蚕豆是用竹筒装满后，再用手去刮平，他却在装满后再用手抓一把添上，于是人称“曹大把”，渐渐地稍有名声。稍有积蓄后，曹

曹祥泰京果

曹祥泰京果制作工具

南山改做水果生意，挑担叫卖。1884年，在拥有了一定积蓄后，曹南山在武昌新街口经营起了“曹祥泰杂货店”，采取薄利多销的策略，生意蒸蒸日上。后来曹家后人又开设了福禄寿禧四大分号、肥皂厂、百货号。1932年，曹祥泰开始经营中式糕点，渐成规模。新中国成立后，曹祥泰紧跟时代浪潮，到2001年的时候，成立了现在的武汉市曹祥泰食品有限责任公司。从创办到现在，曹祥泰仍然坚持着用传统的配方与工艺，保证产品的优良品质。

曹祥泰制作酥京果有独特的工艺。京果的主要原料是糯米，每年将腊月的雨雪用大缸储存起来，到来年的三伏天，选用优质糯米放入缸中浸泡，泡时不加酵母，日晒夜露，全凭自然发酵，要泡30天。然后，将泡臭晒干的糯米再泡水碾成粉，和粉成型切成小块，经烘烤或油炸。经过油炸后，小块糯米个个发泡成圆形，似鸽蛋，色泽金黄，内形成丝瓜瓤，一捏即碎，入口即化，香酥可口无异味，故取名为“金果”（后改为“京果”）。以后经过再加工，果坯上沾上糖浆再滚裹糖霜，外观雪白，具有酥甜可口、入口即化、甜而不厌、香而不腻的特点。京果生产周期长达一年，历经冬三九、夏三伏，且用水、用糯米讲究，完全自然发酵，没有任何添加剂，是真正的绿色食品。

曹祥泰店面

卢耀武是曹祥泰传统糕点制作技艺的第五代传人，现任武汉曹祥泰食品有限公司董事长。三十几年来，卢耀武主要负责传承与改进中国传统糕点制作工艺，着手保护、研究传承中国传统糕点制作工艺，尤其在抢救保护曹祥泰酥京果制作技艺方面做出了重要贡献。在多年的学习与实践中，卢耀武着手成立曹祥泰传统文化食品研究中心，挖掘、整理、研究传统制作工艺，着手制定酥京果的工艺标准；同时，保护与传承传统文化中的糕点制作工艺，制作出更多健康的绿色食品；另外，还成立了以卢耀武为首的曹祥泰酥京果研究小组，开发更多与酥京果相关的制品。

京果制作技艺在传承与发展中也遇到了一些问题。京果的传统制作技艺讲究手工制作，劳动强度大，生产周期长且利薄。经营者多以营利为目的，借其名生利，传统的工艺已无人传承。京果的传统配方和传统工艺受到冲击，风味和质量受到很大影响。随着人们生活水平的提高和健康意识的增强，对重油、重糖物质的需求量在减少，京果这一传统产品正在受到冲击，技艺急需改进。在当代，京果的销售还存在着瓶颈。现在整个武汉市，曹祥泰只有一家门店，比起当年供不应求的场面，如今的情形却是有些冷清的。这些传统糕点的消费者主要是中老年人，年轻人很少会主动购买这些老字号的产品。伴随着网络市场的兴起，人们对于节日食品的选择更加多样化。所以，在拥有一定市场的基础上，这些与节令相关的食品必须得到合理传承保护才能发展。

六、扬子江传统糕点制作技艺

级别：第四批湖北省级非物质文化遗产扩展项目名录

类型：传统技艺

2016 年，“扬子江传统糕点制作技艺”入选第四批湖北省级非物质文化遗产扩展项目名录，武汉扬子江乳业食品有限公司董事长梅红运也成为该项目的代表性传承人。为了传承老字号的历史与文化，他聘请了食品行业糕点名师李良庆先生和拉糖“皇后”王玉蓉女士加盟公司，在参加全国性食品竞赛和评比中连续荣获“中国特色糕点”和“中国名点”称号，“扬子江传统糕点”从此名扬湖北。梅红运说，他们的理念是“古法原香，传统手工”。事实上，这种传统糕点自其祖辈始，已经有了近百年历史，扎扎实实地融入了每一个武汉人的生活中。

梅红运是扬子江传统糕点制作技艺第三代传人，生于 1966 年 6 月，师承湖北糕点名师李良庆。1995 年，他收徒传艺于青年糕点技师周辉。二十几年来，他们主要负责挖掘、整理、恢复中国传统糕点制作工艺，着手研究、保护、传承中国传统糕点制作工艺。尤其在抢救、保护小法饼制作技艺方面作出了重要贡献。

扬子江食品参加武汉市名优特新产品全国行活动，备受欢迎，不仅拓展了产品市场渠道，也加强了不同地区的文化交流。梅红运历时 5 年多，在全国传授中华糕饼传统技艺，取得了良好的效果。在扬子江新工

荆楚汉饼

厂的建设中，梅红运还规划成立了鄂式糕饼研究中心和湖北传统糕饼博物馆来保护和传承传统手工食品文化。2016 年，梅红运入选第三批武汉市级非物质文化遗产项目代表性传承人名录。

如今，梅红运带领着他的“扬子江”连年获奖，始终保持名、优、特、新，深受广大消费者信赖；始终坚持“古法原香，中国名点”的品牌诉求，以“追求特色，不断改进，过程受控，顾客放心”为宗旨，以“发掘和传承中国传统手工食品文化、湖北美食民俗文化”为己任，致力于为全国消费者奉献安全、美味的传统美食，做百姓放心的食品。2018 年，梅红运入选湖北省级非物质文化遗产项目代表性传承人名录。

小法饼是扬子江传统糕点的著名代表，其制作技艺也单独入选了第二批武昌区级非物质文化遗产名录。法饼本是中国传统糕点的一种，至今已有 200 多年历史。如今市面在售的小法饼外观圆润，色泽呈现出漂亮的奶黄色，一口咬下只感到柔韧软糯，奶香四溢。

武汉特有的发酵工艺给了小法饼独特的味道。制备老面、发酵、拉

扬子江时尚月饼

浆、再醒发、温控、揉搓成坯、烤制、火候调节，每一个步骤都承载着几代人的经验与创新。小法饼制作全程都有着严格要求，完全自然发酵，不添加任何食品添加剂，这样制作出的小法饼才有醇绵酒香，使食客赞叹其甘甜味美。除小法饼之外，“荆楚汉饼”“麻烘糕”“老月饼”等发酵类烘焙糕点也是扬子江传统糕点的招牌产品。

口感甜脆的“扬子江”各色果子在如今的春节依旧大受欢迎。京果、酥糖、杂糖，这些年货在各大超市都销量不俗。举京果为例，外表溜圆，色泽白里泛着微黄，与其他地方雪白的果子略有差别。这样的老京果秉承传统油酥工艺制作而成，回油后表面有点泛黄，吃来更酥口，更甜脆。作为“湖北老字号”、省级“非遗”，扬子江京果、酥糖、杂糖等承载着很多老武汉人过年里鲜活的、真实的、与人生息息相关的情怀和记忆。

除却各色糕点果子，在中国粽子文化节全国粽子（糕团）技艺大赛上，作为“湖北老字号”的武汉扬子江乳业食品有限公司也多年连获大奖，参赛的“屈原清水粽”名气愈来愈高。传统文化与传统技艺的结合是扬子江声誉渐隆的重要原因，良好的传承态度使其保留了人们记忆中的味道。

为了实现传统技艺的活态传承，扬子江的食品也年年创新。在京果的包装上，为了贴合现代人的饮食习惯，逐渐向小包装靠拢，以方便食用和存放。除了传统品种，黑米、紫薯、玉米等新口味杂粮京果也逐渐增多。金砖肉松蛋糕、榴梿饼、巧克力糍打糕、花生糍打糕、糍粿、黑沙玫瑰饼、杧果多妮饼等创新烘焙系列年年出新；素饼系列（红糖冬枣口味、红糖枸杞口味、蔓越莓口味、红蜜豆口味）、烧果儿系列（蔓越莓包馅糕、枸杞包馅糕、牛奶味蜜豆包馅糕、红糖冬枣包馅糕）、无蔗糖核桃黑芝麻饼等也照顾着年轻人的口味。

在包装上，扬子江“盒装京果”“福礼三宝”“吉祥八福”在2014年就申请了专利，这在湖北传统食品行业中尚不多见。既以传统为内核，又吸收新潮元素，传统技艺的传承离不开这两点，扬子江传统糕点制作技艺正是一个好范例。

七、古琴艺术（泛川派）

级别：第五批湖北省级非物质文化遗产名录

类型：传统音乐

由于地域、师承及传谱的差异，古琴艺术有流派之差异。唐代琴人赵耶利始论及琴风的地域性，明清以降则分流更甚，至现代分为虞山派、浦城派、泛川派、燕山派、梅庵派、岭南派、广陵派、诸城派、九嶷派等诸多流派。

泛川派古琴艺术代表性传承人丁承运

其中，泛川琴派在武汉具有一定影响力，并于2015年入选第五批武汉市级非物质文化遗产名录，2016年入选第五批湖北省级非物质文化遗产名录。泛川派第四代传人丁承运是该项“非遗”的代表性传承人。

泛川琴派的概念是在20世纪由琴人查阜西提出的，一般认为该派或由蜀派分出，或与蜀派关系甚密。蜀派亦称川派，起源较早，主要分布在重庆市大渡口及四川省，其风格则流传甚广。唐代琴人赵耶利有道：“蜀声躁急，若激浪奔雷，亦一时之俊。”即是在评价蜀派。泛川，拆字来看，“泛”意为普遍、一般，“川”则有地域指代。总的来说，泛川琴派起源于蜀派，随后在琴学的交流、发展中逐渐打磨出特色而自成一派。1956年，查阜西组织全国古琴调查后便命名为“泛川”。

然而当今琴界对于“蜀派”“川派”“泛川派”仍无明确界定，在称呼上更多以师承渊源来界定。1956年全国古琴调查采访，查阜西先生曾如此描述：“四川在唐代赵耶利时，就有蜀派之名。到清代广陵派出世后，直至道光以前琴谱文献都称蜀派。而现时川人都自称川派，据四川琴家说，就是从曹稚云以后，才改称川派。”

如以立派宗师为线索，泛川琴派的历史上可追溯至清咸丰、同治年间。此时太平天国起义，江浙动荡，不少文人士族、僧人道士西迁蜀地，冯彤云等琴家入蜀为官，将虞山、广陵琴风带入当地，极受蜀人推崇。曹稚云的《稚云琴谱》，钱绶詹的《钱氏十操》，顾玉成的《百瓶斋琴谱》，唐彝铭、张孔山的《天闻阁琴谱》都或多或少反映出当时四川琴界之情状。如此可说，不管是川派、蜀派、泛川派，其琴风都是多地多家交流而成，并非独有蜀地风格。

泛川派的开创者正处在这一时期。清末的四川琴事活动丰富，佛院、道观中的僧、道人员尤多组织，且乐与世俗琴家交流切磋，一位叫张孔山的道士尤以琴艺出名。张孔山幼年师从浙江琴家冯彤云，咸丰年间至四川青城山游历，此后名气渐增，曾在川授琴，被认为是泛川琴派的开创者。他离川后沿长江而下，广授琴艺，武汉琴人张宝亭曾得张孔山亲授，由此使武汉琴学吸纳了泛川派的传统，流传至今。

至此，可将泛川琴派的概念稍做梳理，泛川琴派即源于清末江浙琴人入蜀之时，虞山、广陵之风与蜀风相交，而后经过张孔山等人出蜀向其他地域传播技艺，在多地形成的带有浙派、广陵、渝派与蜀派之风的琴艺流派。

据《1956年古琴采访工作报告》可知，泛川派在20世纪中叶的代表人有杨紫东、龙琴舫、吴浸阳、顾梅羹、夏一峰、沈草农、招学庵、查阜西。后来亦有人发现此九位若根据师承渊源梳理，却是属于多个不同传承脉络，难以证实张孔山为他们的共同师承，此处且按下不表。

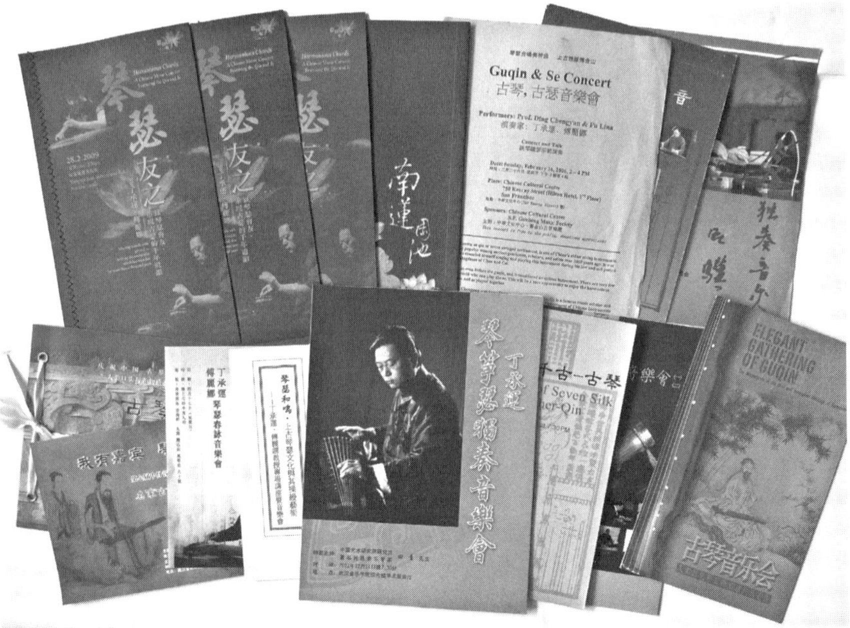

传承人部分著作

泛川派琴风惊鸿奔放、刚柔兼备、圆润沉雄，经其演绎的琴曲以《流水》《普庵咒》《渔樵问答》《醉渔唱晚》为著名。若论其代表，据说张孔山经冯彤云传授，留下了别具一格的《流水》弹法，即“七十二滚拂”。“滚”“拂”是古琴指法，由于张孔山所传的《流水》第六段全用“滚拂”，尤显气势磅礴，水流激荡，“七十二滚拂”《流水》也因此成为泛川琴派名曲。

八、武汉童谣

级别：第六批湖北省级非物质文化遗产名录

类型：民间文学

“小皮球，架脚踢，马兰花开二十一。二五六，二五七，二八二九三十一。三五六，三五七，三八三九四十一。四五六，四五七，四八四九五十一。五五六，五五七，五八五九六十一……”这首《马兰花》是武汉地区传唱最广的跳皮筋童谣，纯真有童趣又朗朗上口，卷着老武汉的尘土与风情，承载着老武汉的历史与武汉人的记忆。

童谣，也称儿歌，指民间流传的儿童唱词，古代称“孺子歌”“小儿谣”等。武汉童谣，主要指流传于武汉主城区以及江夏、蔡甸、黄陂、新洲等远城区的以各种形式传承至今的民间童谣。

武汉童谣句式短促、节奏轻快、表达跃动，按内容可大体可分为：游戏谣、生活谣、教诲谣、寄托谣、滑稽谣、社会谣、练语谣等。方言作为文化载体，童谣全部用武汉方言念唱、流传，使其语言风格极具武汉地域特色。

武汉的彭翔华先生多年来致力于搜集、整理武汉童谣，曾在《武汉春秋》等报刊发表相关研究文章 20 余篇，著有《大城小巷》《武汉民间童谣辑注》《武汉歌谣故事》《民众乐园故事》等书籍，并多次在武汉图书馆等场所举办讲座和接受报刊采访，讲述和宣传武汉地方童谣和民间

传承人彭翔华

《武汉歌谣故事》书影

儿童游戏。

武汉童谣具备通俗易懂、生动有趣、节奏紧凑、讲究押韵、朗朗上口的特点，很好地迎合了儿童的本能与兴趣，它使孩子在愉快的玩耍中适应了语言的节奏和韵律。童谣所具有的节奏、韵律与《三字经》《百家姓》押韵的音韵感有较多相通之处，为儿童提供了生活化的“学龄前教育”。

武汉童谣在内容上对武汉地方生活（如儿童游戏内容、生活习俗等）的生动记载以及语言风格上的特色表达，使其成为武汉地域民间意志、民间审美以及民间记忆的集中体现，它有着浓郁的时代印记和鲜明的武汉地方特征，体现了本土特有的风土人情、礼仪习惯，包含了武汉人对武汉的认可和热爱，具有独特、无可取代的文化价值，是研究“武汉地方学”的重要参考，是民间文学的宝藏，是不可多得的地方非物质文化遗产。

2017 年，“武汉童谣”被列入第六批武汉市级非物质文化遗产名录，2020 年被列入第六批湖北省级非物质文化遗产名录。

九、“惟楚有材”传说

级别：第一批武汉市级非物质文化遗产名录

类型：民间文学

“惟楚有材，于斯为盛”，此为湖南岳麓书院对联，可谓远近闻名，而其上联背后还蕴含着一个关于湖北的传说：自古以来，湖北就是人才腹地，也因此有着“惟楚有材”一说。

“惟楚有材”意指楚地教育兴盛，人才辈出，典出《左传》：“虽楚有材，晋实用之。”因这句话，也有“楚材晋用”之说。古代所称的“楚地”主要指湖北、湖南两省，此传说便是寓意湖广地区人杰地灵。

湖北省社会科学院原研究员邵学海经过多年考证后认为，“惟楚有材”最早出现于清初湖广巡抚林天擎所撰的《武昌府学重修记》之中，

武汉市非物质文化遗产标牌

“惟楚有才”牌楼

楚材街

林在此文中感叹道：“余思惟楚有材，自昔艳羡。”时隔百年后，后人以匾额书之并悬挂于武昌贡院（今武昌实验中学）牌楼，再之后“惟楚有材”四字才出现于湖南岳麓书院门联之上（撰于清嘉庆年间）。清咸丰三年(1853年)，武昌贡院的匾额毁于太平天国运动，咸丰八年(1858年)，时任湖北巡抚的胡林翼重修贡院及牌楼，并请晚清名臣曾国藩重题“惟楚有材”牌匾。而事实也证明，楚地确实一直人才济济并层出不穷，在政治、经济、文学、艺术等各个领域都出现了许多代表性人物，如屈原、孟浩然、张居正等等。

作为海内外名句，“惟楚有材”深入人心，影响十分深远。武汉地方史志专家徐明庭先生说，新中国成立前，武昌有的人家启用这一说，给孩子取名为“光楚”，字“惟才”，附近街道也取名“楚材街”(“楚材街”一地至今仍在）等，其意在湖北武昌早已深入人心。另一方面，“惟楚有材”一说也进一步推动了荆楚地区人才培养事业的发展，让楚地的人才数量更多，质量更高，为不负这一盛名而更加拼搏。

“惟楚有材”传说历史悠久，有着较大的历史价值，保护“惟楚有材”传说的同时也是在弘扬丰厚的楚文化历史，其发展变化的种种历程也可进行深入研究，从而推动相关学科的发展。另外，作为一个深入人心的楚地传说，相关文化产业也有着较为可观的发展前景，还可以作为吸引游客、发展旅游业的一大特色。

除了这些，该传说还能借机激励青年，唤起才子们对本土文化的自信心。著名史学家、武汉大学教授冯天瑜曾说："湖北地灵人杰，'惟楚有材'实至名归，这既是尊重湖北历史，也是对现在阶段湖北发展的一种警醒。"由此可见，"惟楚有材"传说也将对现今湖北地区的人才培养产生很大的促进作用。在今天，我们应该相信，"惟楚有材"传说和楚地的才子们依旧会为社会、为人民作出巨大的贡献，会在这片土地上留下浓墨重彩的一笔，会在历史的长河中留下不可磨灭的痕迹。

2006 年，"'惟楚有才'传说"被列入第一批武汉市级非物质文化遗产名录。

十、人物透雕工艺

级别：第一批武汉市级非物质文化遗产名录

类型：传统美术

1988年，时任武汉科教仪器厂高级工程师的张威铭制作了第一个玻璃钢透雕《女头饰》，并于当年首次提出“人物透雕”概念，人物透雕由此产生。张威铭经多年探索，首创带状立体构成样式的透雕人物创作技艺，使透雕这项古老的民间绝艺焕发新姿。人物透雕的形式特征是以带状立体构成的表现手法去创作出具有现代风格的人物作品，在审美方面追求的是通俗的高雅性和大众化的现代化感；在造型的表现上追求的是是与异的统一性和形与意的双美性。1995年，联合国教科文组织和中国民间文艺家协会授予张威铭“民间工艺美术家”称号，人物透雕技艺也逐渐为人所熟知。

人物透雕工艺创始人张威铭，出生于沈阳，自小师从鲁迅艺术学院美工李春荣学画。1956年，张威铭随沈阳教学仪器厂迁汉后不久，被调至武汉生物研究所当炊事员、包装工。10年后，武汉市木偶剧团慧眼识珠，调他去进行木偶制作。1983年，张威铭回厂任高级工程师，退休前为华中师范大学高级工程师，从事生物教学模型产品研制工作。他的业余爱好众多，有漫画、剪纸、木刻等，常年的工作经验和广泛的兴趣爱好为他创作出人物透雕打下了良好的基础。退休后，他醉心于雕

人物透雕《女头饰》

张威铭正在制作人物透雕

塑创作，在制作了“敦煌飞天”“梁山好汉”“奥运会”等数百件作品后，他发现用玻璃钢雕塑人物别有韵味。玻璃钢虽比不锈钢、铜等传统雕塑材料软且易裂碎，但其质地轻、高温下成型快、易拉伸，非常适于透空立体雕塑人物，做出的作品也有虚实参半、韵味浓厚的独特美感。选择拉伸性能比较好的玻璃钢为原料，经过塑型、刻制等工序，最后用漆料制作出不同肌理效果，再通过磨、喷的方法，使作品具有一种青铜的凝重与光泽，同时还具有一定的木质感。

透雕的原材料一般有三种：玻璃钢、木头和黄板纸。成型之后所用的颜料主要是漆、丙烯、油彩等。玻璃钢的成本和技术要求比较高，花费时间也比较长，做一个玻璃钢透雕一般需要一星期左右。这主要是因为此类透雕工序较为复杂：设计—泥塑—模具成型—分块成型—装配成型—表面效果，其中任何一个工序都不能省略。

张威铭的人物透雕作品虚实相映，具有不同于传统雕塑的独特美感，受到专业人士的高度认可并多次获奖。他花一个多月的时间，创作

《心曲》

的描绘现代女笛手风采的立体透雕代表作《心曲》于1996年获浙江中国民间工艺展金奖。张威铭说："透雕的技术不能算绝，绝的是作品的创意和思考。"2003年10月，张威铭作为武汉市民间工艺美术家，应邀参加了在法国波尔多市举办的中法文化交流活动，其人物透雕作品深受法国人民的喜爱。几十年以来，张威铭的透雕作品共有100余件，其作品使用的材质以玻璃钢和纸塑为主，少数为木雕。张威铭在2018年出版的《人物透雕艺术》一书中，介绍了人物透雕的创作理念与表现特点，讲述了三种无需特殊条件要求就可进行创作的具体方法与步骤。

2006年，"人物透雕工艺"被列入第一批武汉市级非物质文化遗产名录。2014年，张威铭入选第二批武汉市级非物质文化遗产项目代表性传承人名录。

十一、篾扎风筝工艺

级别：第一批武汉市级非物质文化遗产名录

类型：传统技艺

风筝，又称纸鸢，中国民间放纸鸢祈福与儿童游乐的习俗，至今已有两千多年的历史。南宋陆游有“竹马踉蹡冲淖去，纸鸢跋扈挟风鸣”，明代徐渭有“江北江南低鹞齐，线长线短回高低”，清代高鼎有“儿童散学归来早，忙趁东风放纸鸢”、孔尚任有“结伴儿童裤褶红，手提线索骂天公”等诗句。这些诗句为我们展示的那一高一低随风起舞的风筝，配合充满童稚的欢声笑语，大概就是千百年前的童趣吧。

陈士荣先生在制作风筝

有放风筝的人，自然也有制作风筝的人，武汉市的陈士荣老人就是一位制作风筝的手艺人。30年前，他别出心裁，将制作风筝的技艺进行了革新，为我们带来具有传统与现代气息的篾扎风筝。

民间艺术家陈士荣是“篾扎风筝工艺”的传承人，生于1945年1月，

1984年开始制作民间传统手工艺风筝，创作了千余幅风筝作品，人称“风筝王”和“武汉风筝陈”。

风筝分为立体式和平板式两种，武汉的风筝制作以平板式为特色。陈士荣将现代工笔画技艺融入传统的风筝制作工艺中，制作的风筝色彩丰富、图案生动活泼，而且绘画题材尽显中国文化特色。十二生肖风筝、宫灯风筝、京剧脸谱风筝……他将种种中国传统文化元素融入风筝工艺，赋予了风筝新的生命力。

篾指的是竹子制成的薄片。中国风筝的骨架制作以各种竹材为主，辅以苇子、高粱秆等。我国竹种很多，有22属200余种，主要产地在长江以南地区。当然，随着科技的进步与新材料的拓展，如今也开始用木材、玻璃纤维、碳纤维复合材料或轻金属。不过，陈士荣坚持因地制宜，充分利用竹材，“篾”名副其实。竹材的特点是质轻，纤维直而密，因此有一定的强度、韧性和弹性，可以劈成各种规格的条，加工更加方便。不仅如此，竹材还可以热弯曲，定型后不易变形。陈士荣制作的风筝骨架简洁流畅，工艺精绝，能展开使用，也能折叠收藏，兼具实用性和艺术性。

陈士荣的篾扎风筝种类繁多，串类的、立体的、软翅的、硬翅的……应有尽有。陈师傅喜欢钻研风筝技巧，他通过在风筝上设置重重“机关”，创作了一系列可散花、可活动的技巧风筝，极大地扩展了风筝的趣味性和可玩性，这不可不算是别出心裁的小设计。

20世纪90年代，陈士荣制作的宫灯、京剧脸谱风筝，代表武汉参加在山东潍坊举行的全国广告风筝大赛及全国风筝精英大赛，囊括一、二、三等奖，篾扎风筝在国内逐渐有了影响力与知名度。

虽然已取得一定的成就，但是陈士荣并没有停下向全国各地介绍篾扎风筝的步伐。他曾先后到黑龙江、上海、广东、江苏等地参加全国风

蝶形风筝

融合屏风元素的风筝

筝比赛，并多次获得大奖。

随着篾扎风筝的名声不断远播，陈士荣的足迹逐渐走向世界。1995 年 9 月，他因篾扎风筝制作技艺被联合国教科文组织授予“民间工艺美术家”的称号。此后，他的风筝作品多次走出国门，到美国、法国、韩国等国参加展览。篾扎风筝，随同其他具有浓厚中国元素的艺术品、传统技艺一起，被介绍到国外。这些艺术品，用无声的语言，向世界介绍中国文化。

随着中国传统技艺日渐受到重视与保护，陈士荣作为风筝制作技艺的坚定传承人，其发展的篾扎风筝制作技艺也逐渐获得政府的认可。2006 年，“风筝制作技艺”被列入第一批国家级非物质文化遗产名录，同年，“篾扎风筝工艺”被列入第一批武汉市级非物质文化遗产名录。2014 年，陈士荣先生入选第二批武汉市级非物质文化遗产项目代表性传承人名录。

十二、武汉“过早”

级别：第一批武汉市级非物质文化遗产名录

类型：传统技艺

“过早”，从字面意思上可以理解成为“太早了”“时间超前”等等，但是在湖北，“过早”却是一个俗称。在武汉话里，“过”字不同于普通话的第四声，而类似于第二声，并且含义非常丰富。武汉人把吃早点称为“过早”，也蕴含着快速的意味。近代以来，武汉人因地理环境和经济活动养成了户外“过早”的饮食习俗，并逐渐形成了一种极富特色的地域文化。

“过早”这一词汇最早出现在清代道光年间的《汉口竹枝词》中。早上，人们就要匆匆赶到集市，来不及在家用早餐，所以在小吃店用餐。而到 20 世纪，武汉作为长江黄金水道中游最繁忙的水陆码头，从上游四川至下游三角洲的船只，全部仰赖在武汉地区的中途补给，也因此在武汉三镇，尤其是汉口地区，产生了厚重的码头文化。而码头工作对效率的要求，也就培养起了武汉人很强的时间观念，所以在早饭上节省时间就理所应当了。直到今天，武汉人仍然保持了这一习俗，并且由于现代生活节奏的加快，加之人们工作、学习的场所与居住区的距离逐步增大，这种“过早”的习俗还呈现增强的趋势。

但“过早”二字，不仅仅意味着时间的迅速，还意味着早饭的重要

武汉街边“过早”标识

性。武汉人对过早的重视，风雨无阻。拿着大锅小碗排着长队，就为了买上一两样早点，在武汉并不是件新奇的事。把早餐当成一件隆重的事情看待，不仅仅彰显着武汉人对“吃”的执念，更是刻进了武汉人的生活信条之中。俗语说“一日之计在于晨”，而武汉人甚至称得上是“一日之计在于‘过早’”。在老旧却充满生活气息的街巷之中觅食，是武汉人开启崭新一天的独特方式，亦是武汉人别样的生活情趣。

武汉人过早，社区早点摊是最常见的去处。这种生活习惯导致早餐店遍布武汉三镇的大街小巷，每家早餐店都食客盈门，生意兴隆。并且，武汉人从不忌讳在街头巷尾即食品饮，只要可以腾出手来，过早便不受地点的限制——实际上，一群人捧着早点在街边或走或站，是清晨武汉一道独特的风景线。

在武汉，有人群居住和聚集的地方就有早点摊，并且价格优惠，品种繁多。武汉人能底气十足地向外地人“炫耀”——在武汉过早，可

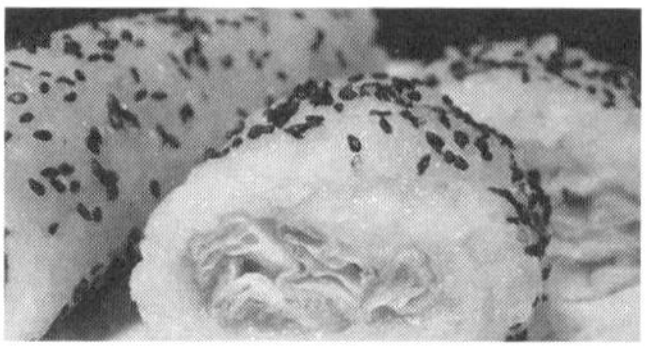
糯米包油条

热干面

三鲜豆皮

以一个月不重样。除了闻名遐迩的豆皮和热干面以外，还有热干粉、油条、鲜鱼糊汤粉、炒豆丝、炒面、炸糍粑、面窝、米粑粑、油饼、汤包、糯米包油条、欢喜坨、煎包、锅贴、烧麦、蒸饺、馄饨、烧饼、米酒、蛋酒、豆腐脑、糯米鸡、剁馍、绿豆汤等等。

多年来，“过早”俨然成了武汉的城市名片之一。武汉的早点都各

汉味早点第一巷——户部巷

自发展出它的名店与招牌，例如蔡林记的热干面、老通城的豆皮、四季美的汤包，皆是武汉闻名的早餐连锁店铺，甚至还作为“汉味早点”的代表开向了全国各地。但同时，在武汉的街头小巷中，也常常隐藏着一些有着数十年历史的老店，它们没有浮华的装修和浮夸的噱头，但外面排着队的人群，就是这家店铺的活招牌。对于老武汉人来说，这些早餐店铺不仅仅是解决一日早饭的地点，更是多年来的生活回忆和情感联结。

2006 年，“武汉‘过早’”被列入第一批武汉市级非物质文化遗产名录。

十三、蔡林记热干面制作技艺

级别：第一批武汉市级非物质文化遗产名录

类型：传统技艺

热干面是武汉市最具代表性的美食之一，因其可以将武汉人热情、爽快、爱面子的性格特征展现出来。而在武汉众多制作热干面的面馆之中，蔡林记因其制作的热干面以“爽而劲道、黄而油润、香而鲜美”的特色而闻名，成为一家以热干面为招牌的具有百年历史的小吃面馆，而其制作热干面的技艺，更是入选了第一批武汉市级非物质文化遗产名

蔡林记热干面

蔡林记店面

录。在中国首届面条文化节上，武汉蔡林记热干面更被评为“中国十大面条”。

相传20世纪初，汉口长堤街一带有位叫李包的食贩，一次偶然的失误，却发明了面条的新吃法。在众多拜师学艺的人中有个叫蔡明伟的食贩，不仅学了技艺，还看准了商机，于1928年在汉口满春路口开了家面馆，由于店面门前有两棵葱郁的大树，遂以“集木为林，财源茂盛”之意取店名为“蔡林记热干面馆”。1955年，蔡林记从私营改造成公私合营企业；1966年再改组为国营，使公司发展更上一层楼，传承至今。

从蔡林记转为国营企业之后，每天制作的热干面可达一万两千份；在20世纪90年代中期，热干面的制作更扩大到了八个品种。在2008年后，蔡林记利用早期自身打下的品牌优势，在保留传统的前提下进行一系列创新，不但扩大了产业链，还改变了经营的模式，将自身置于武汉食品制作行业的前列，门店遍布武汉，更辐射了大半个中国。良好的经营对于技艺的传承会起到非常重要的作用，因为在利用传统的技艺扩大经济收益的同时，又能反过来为传统技艺注入新鲜的血液。蔡林记凭借百年积淀的文化底蕴，坚持“传承百年老字号，创造精品蔡林记”的宗旨，承担起百年老字号新的使命，发展现代与传统融合的战略模式，将对热干面制作技艺的发展与传承起到决定性的作用。

2006 年，“蔡林记热干面制作技艺”能入选第一批武汉市级非物质文化遗产名录，主要是因为其鲜明的地方特色。热干面未必是武汉最美味的地方美食，但绝对是最具有武汉特色和代表性的美食。因为热干面最能代表武汉兼容并蓄的文化特色和武汉人粗犷的性格，是荆楚民俗和饮食文化中不可缺少的一部分。而对于热干面制作技艺发展最好的蔡林记，也成为热干面不可或缺的一部分。

十四、武汉面窝制作技艺

级别：第一批武汉市级非物质文化遗产名录

类型：传统技艺

面窝和热干面一样，也是武汉人在“过早”时爱吃的早点之一。因其制作简单，物美价廉，适合武汉人“过早”时要求的“快、热、鲜”的习惯，故遍及武汉三镇的大街小巷，但多为摊点经营，或由饮食店兼管，没有代表性店铺。“武汉面窝制作技艺”在 2006 年被列入第一批武汉市级非物质文化遗产名录。

武汉面窝

面窝其实像武汉其他的“过早”食物一样，由于没有具体的文字记载，所以并没有确凿的证据，但有一个广为流传的说法。传言面窝创始于清光绪年间（1875—1908），相传当时汉口汉正街集家咀附近有个卖烧饼的摊贩，名叫昌智仁，看到武汉是全国的三大米市之一，大米比面粉便宜，用于制作小吃获利可更丰，于是另辟蹊径，请铁匠打制了一个窝形中凸的圆铁勺，内浇佐有葱姜的用大米、黄豆磨成的细浆，撒上黑芝麻，放于滚油中烹炸，很快即成一个两面金黄、边厚中空、外酥内软中间脆的圆形米饼，因其中间凹下，故取名面窝。

今天的面窝遍布于武汉和湖北其他城市大街小巷的摊点，尤以武汉汉口老城区的口味最为地道。面窝多为摊点经营，或者是各餐饮店兼售，并没有如蔡林记之于热干面这样的店铺与制作技艺的关系。在今天的武汉三镇都有一些特别的做法使得面窝别有风味，比如在武昌户部巷的谢家面窝，配料讲究，用的是优质大米，掺一定比例的糯米，加葱花、芝麻、姜末作料，用香麻油炸。这家店不惜工本，做出的面窝自然与众不同，一投入油锅就香味四溢。但这并不是传统的面窝了。

十五、武昌鱼制作技艺

级别：第四批武汉市级非物质文化遗产名录

类型：传统技艺

武昌鱼

武昌鱼学名团头鲂，属于淡水鱼，是鳊鱼的一种，生活在长江及其附属湖泊中，因盛产于武昌而得名。武昌鱼肉质鲜美，具有补虚、益脾、养血、祛风、健胃之功效，经常食用可以预防贫血、低血糖、高血压和动脉硬化等疾病。武昌鱼的食用历史长达一千多年。文献记载，三国时吴主孙皓暴虐成性，从建邺（今南京）迁都武昌，百姓不堪其扰，坊间有歌谣："宁饮建邺水，不食武昌鱼。宁还建邺死，不止武昌居。"武昌鱼因歌谣的传播而渐渐出名。有宋一代吟咏武昌鱼的诗文最多，其中南宋"中兴四大诗人"之一的范成大在《鄂州南楼》诗中就有"却笑鲈乡垂钓手，武昌鱼好便淹留"的句子，可见武昌鱼之鲜美。新中国成立后，毛泽东主席的《水调歌头·游泳》中"才饮长沙水，又食武昌鱼"一句，更是将武昌鱼的名声推向了一个新高度。

武昌鱼有多种烹饪方法，其中最具代表性的是“清蒸武昌鱼”和“杨梅武昌鱼”。清蒸武昌鱼选用活鲜鳊鱼，经过处理之后，加入火腿、菇、笋、鸡汤等12种调、配料，经焖笼蒸制而成。而杨梅武昌鱼则是将鱼头、鱼尾调味上浆后炸酥，码于菜盘两端；再将鱼肉剁茸调料后搅打，挤成丸子汆炸，起锅，将鱼球码于头、尾之间，最后用白汤、杨梅汁、番茄酱、香油淋浇收汁即可。原大中华酒楼的武昌鱼（武昌鱼菜肴系列）最负盛名，曾一度与四季美的汤包、老通城的豆皮、蔡林记的热干面齐名，享誉三镇，嘉宾接踵，省会无匹。

2012年，“武昌鱼制作工艺”被列入第四批武汉市级非物质文化遗产名录。

十六、洪山菜薹传说

级别：第五批武汉市级非物质文化遗产名录

类型：民间文学

洪山菜薹

洪山菜薹，十字花科，芸薹属，因其茎叶呈紫红色，故又名紫菜薹、红菜薹或芸菜薹，有“金殿玉菜”的美称，据说已有1700多年的种植历史。洪山菜薹与白菜是近亲，它是通过人工选育易抽薹的白菜，经长期自然选择和栽培驯化而来。据考证，东汉、三国时期，紫菜薹已是普遍食用的蔬菜。陶弘景《名医别录》中记载芸薹“乃人间所啖菜”，这里的“芸薹”就是紫菜薹。

洪山菜薹营养丰富，甜脆爽口，每年11月上旬到翌年3月上市，霜冻后味道更美。其食用部分主要是嫩薹轩，以一尺多长、一指粗细、颜色鲜红、质地鲜嫩为佳。由于洪山菜薹色、香、味、形俱美，又应了“紫气东来”之说，因此是春节前后的常备佳肴。

《生物史》载：“武昌特产红菜薹，在唐时已是名菜。”《江夏县志》

洪山古塔

记载：洪山菜薹，以洪山宝通寺至卓刀泉九岭十八凹一带生产的品质最佳。若迁地移植，不仅颜色不同，口味也有差异。民间传说宝通寺钟声所及处产者为佳，又说以宝通寺塔影所及处产者最佳。《湖北乡土地理》载："马鞍之煤、宝通寺之菜、黄鹄矶头之鲤，均占优胜之土物也。"清代的《武昌县志》《汉阳县志》中有洪山紫菜薹"味尤佳，它处皆不及"之类的记载，而"距城（武昌城）三十里则变色矣，询别种也"。有诗云："塔影钟声映紫菘。"紫菘即洪山菜薹，意思是洪山宝塔倒影所及之处，和宝通寺钟声能够听到的地方，产出的洪山菜薹味道才地道。

关于洪山菜薹传说，大体可分为三类：

一是神仙故事传类。如，"观音娘娘遗菜种洪山宝塔尖"，这种说法流传度最广。传说是观音娘娘把一粒菜薹良种遗留在洪山宝通禅寺的宝塔之顶，不久塔顶长出一株又高又粗的菜薹。寺里和尚没法采摘，只

洪山菜薹炒腊肉

好等到菜薹花落结籽后，请来神鸟采下种子在地里播种。洪山菜薹由此来到人间。

二是民间故事类。如“玉叶姑娘的故事”“薹子孤儿与孤儿妇人”“洪山菜薹的爱情故事”。

三是与历史和当代名人有关的轶事、掌故类。涉及古今历史名人有十余位：孙权、苏轼、尉迟敬德、慈禧太后、李翰章、黎元洪、张群、董必武、李先念等。

洪山菜薹传说给美味的菜薹增色不少，也使得洪山菜薹为更多人知晓。

2015 年，“洪山菜薹传说”被列入第五批武汉市级非物质文化遗产名录。

十七、道教手印

级别：第五批武汉市级非物质文化遗产名录

类型：传统舞蹈

道教手印又称“诀”“诀窍”，是中国道教特有的一种手势语言符号，亦属于道术的一种，常与道教音乐、道教舞蹈结合在一起。道教手印一般只在道教徒中秘密传授和运用，具有独特的宗教思想意蕴，只有道士才可以深刻了解。道教手印的样式众多，每个手印都有着特定思想内涵和固定名称，不同的手印只在规定的场合使用，有与特定的神灵通传信息等意义。

道教手印称“诀”，这表明它是祖师秘传的口诀。关于道教手印，道教各类文献中的记载都较少。《道法会元·明光枢要目》有云：“祖师必传诀目，通幽洞微，召神御鬼。要在于握诀，默运虚无，因目之为诀也。”这段话道出了道教手印的三个主要作用，第一个作用即“召神”，手印是向神灵表示至诚的方式；二是“御鬼”，手印有着镇伏妖邪的威力；三是“载道”，道士借手印显示自己“通幽洞微”“默运虚元”及修炼得道的神通。道教手印经常与道教法器（常用的法器有剑、镜、印等）结合使用以施展法术。

道教手印种类繁多，且因其长久以来皆是在各个教团中秘密口耳相传，所以并没有一个非常完备的体系用以详细介绍。不过，按照其功能

道长们在切磋手印

武汉大道经乐艺术团演出剧照

和用途可将常用道教手印分为三大类：一是宗教仪礼必需的手印；二是道教法事中所用的手印；三是道教养生、修炼中所用的手印。

道教手印是早期巫文化的一种延续。手印的形成与运用，亦与巫文化有着密切的关系。巫觋的“手舞足蹈”，就是在巫音的配合下，用手、臂及足、腿的舞蹈动作来展示巫仪的内容的。道教手印也就在巫文化和宗教的影响下不断发展着，而后我国古代的礼乐思想和道教自身的斋醮文化也对道教手印的发展产生了较大的影响。

道教手印除了在宗教文化中有着特殊意义之外，它在当代社会也有着许多其他价值。道教手印有着悠久的历史，在很多方面可以为历史提供佐证，它对研究道教文化也有着重要作用。除了这些，道教手印也具有独特的民族性和别具一格的艺术性，可用作观赏，甚至还可以锻炼身体灵活度，起到一定的强身健体作用。

道教手印的价值不可谓不大，但道教手印的传授向来都是封闭式的

“道教手印”代表性传承人任宗权

口传心授，一般不对外宣传，这使得许多道教手印的核心内容已在一代代人的流传中遗失了。作为一种非物质文化遗产，一种宗教甚至是民族的象征物，需要采取一些积极有效的措施对其进行保护和传承，而任宗权道长就是这方面的代表性人物。

任宗权道长生于 1968 年 11 月，曾跟随著名高功王嗣林、王至全、张理宽、魏至仁、任法玖、闵智亭等大师学习道教知识，他在道教手印的学习继承和发展传播方面都做出了巨大的努力。1987—1988 年间，任宗权道长常住陕西周至楼观台，跟随著名高功任法玖大师学习手印。1988 年冬，他挂单武汉长春观，跟随武汉市道教协会会长韩高超道长学习道教手印。1995 年冬，他又挂单武汉长春观，跟随武汉市道教协会副会长黄宗胜道长继续学习道教手印。

2002 年，任宗权编撰的《道教手印研究》一书由宗教文化出版社正式出版，该书以文字、图片等形式较为全面地对道教手印相关内容进行了介绍，对道教手印的保护和进一步发展有着重要作用。2014 年，任宗权道长带领武汉大道观经乐艺术团应邀出席中国道教协会第十四届道教音乐会演，演出了由其创编的道教手印舞蹈《天尊出巡图》，为道教手印这一古老的道教文化的传承与发展作出了重要贡献。2015 年，“道教手印”被列入第五批武汉市级非物质文化遗产名录。2016 年，任宗权道长入选第五批武汉市级非物质文化遗产项目代表性传承人名录。

十八、石雕（绿松石）

级别：第五批武汉市级非物质文化遗产名录

类型：传统美术

湖北绿松石雕是有着悠久历史、广受人们喜爱的工艺品。绿松石，又称松石，其质地不匀，色泽淡雅柔和，颜色绚丽，多含浅色条纹、斑点以及褐黑色的铁线。优质的绿松石经抛光后会类似上了釉的瓷器，故也称作“瓷松石”[①]，是我国“四大名玉”之一。其被佩戴和使用的历史

绿松石雕《山花烂漫》

绿松石雕《碧溪垂钓》

① 明承林：《绿松石雕刻艺术特点的浅析》，《宝石和宝石学杂志》2018 年 9 月增刊。

绿松石打磨

绿松石雕刻

已有数千年，深受人们的喜爱。中国的绿松石产量大，湖北、安徽等地均有，尤以湖北郧阳、郧西、竹山一带的绿松石为优。

在中国，绿松石从新石器的原始加工到近现代的雕刻工艺，从最初的中原腹地扩展到华夏大地，从雕刻简单的装饰品到后来的神圣佛器，直至如今的精美雕刻工艺，见证了我国玉文化的发展历史。

绿松石雕刻技艺有着几千年的历史。河南郑州大河村仰韶文化（距今 4000—6500 年）遗址中出土了两件绿松石制成的 28 厘米长的鱼形饰物，湖北随州曾侯乙墓出土的玉器中也有一件雕工精美的绿松石双鱼。这些发现将绿松石文化锁定在几千年以前，同时也揭示了绿松石雕刻技艺的源头。明清时期，琢玉工序中已经有了捣沙、研浆、开玉、打锅等一系列工艺，反映出了中国琢玉工艺的成熟。随着现代电动雕刻工具的使用，玉器的加工程序可精简为选料、设计、琢磨、抛光四个阶段，在每个阶段都分别有着一定的步骤程序和表现内容。绿松石由原石雕琢创作成一件精美的艺术品，其加工过程同样大致遵循着这四个阶段。但因绿松石成因的特性，在制作上，每个阶段又会与其他种类玉石有着细微的差异。[①]

武汉市的绿松石雕刻成熟期是20世纪70年代初。第二代传承人叶加油在继承玉雕前辈的技艺上，结合自己所学的现代美术知识，创作出了一批具有收藏价值的作品，《碧溪垂钓》《幽闲境》《醉酒图》《山花烂漫》等绿松石雕刻作品均在全国工艺美术大展上获奖。

武汉市的绿松石雕技艺具有艺术与科学两方面的价值。在艺术方面，造型结构上讲究饱满、完整，生动而新颖，具有深刻的美学价值。在科学方面，绿松石雕加工程序系统完备，技人的加工技术和加工手艺高超，透过绿松石雕可以窥见当时当地人类社会的科学发展水平和工艺加工水平。

2015年，“石雕（绿松石）”被列入第五批武汉市级非物质文化遗产名录。

① 明承林：《绿松石雕刻艺术特点的浅析》，《宝石和宝石学杂志》2018年9月增刊。

十九、汉派木雕

级别：第五批武汉市级非物质文化遗产名录

类型：传统美术

汉派木雕是湖北省所有风格木雕的总称，具有鲜明的湖北地域特色及深厚的传统文化底蕴，有着悠久的历史和非常浓厚的群众基础。自古以来，汉派木雕都是一种喜闻乐见的优秀民间传统技艺，广泛存在于达官贵人、商贾巨富、普通百姓的生活之中。

按照地域归纳，目前木雕技艺已经形成广东金漆木雕、浙江东阳木雕、云南剑川木雕等六大种类，他们都有着独特的工艺风格，享誉全国。湖北的汉派木雕工艺虽然未列入其中，但其工艺风格同样不可小觑。不同于浙派木雕的细腻与逼真，汉派木雕造型更为粗犷，线条流畅，且层次立体分明。其材料多选用湖北本地的香樟木、银杏木、黄杨木等，分别应用于祠堂、楼阁、庙宇、亭台内的家具及装饰和日用品上。木雕师傅根据木材的大小及应用场合的不同，分别画上飞鸟鱼虫、龙凤祥云、人物花草等寓意美好的吉祥图案，然后运用工具进行各种形式的雕刻，其工艺主要分为四类，即浮雕、镂空雕、圆雕（立体雕）及线刻。

木雕作为一项民间雕刻艺术，制作工艺十分精细。每一件木雕的完成，少则几天，多则一年有余。从一块粗犷的木料到一件精致的木雕

师傅在制作木雕

作品，需要经过一系列复杂的工序，并全凭师傅的手工制作完成。这样的制作起码需要六个步骤：选材、备料、画图、起底、打坯和栊斗。只有在这些步骤都完毕之后，一件精美的木雕工艺品才能展现在我们的眼前。此外，木雕是一门只能做“减法”而不能做“加法”的雕刻技艺。不同于泥雕，木雕的下刀必须非常精准，否则削多不能补，便只能废弃。

汉派木雕的历史悠久，有着独特的风格及地域特色。其最早应起源于东周至楚汉时期。1978 年，湖北通山、江陵先后出土了许多东周时期的彩绘木俑、持剑木俑，及彩绘梅花鹿木雕人物、动物等，还有其他楚汉时期的彩漆、金漆神像木雕等，都可被视作汉派木雕的源头。如今，汉派木雕传承已有数千年，在官方和民间都有着广泛的应用。陈列在湖北省博物馆的木雕作品，则最能显示历史上楚国的木雕技艺水平，

木雕工艺品

而湖北荆州地区至今都还流传着“鲁班锯子郢人斧”的俗语。到了明清时期，汉派木雕匠人主要是做神像、家具以及房屋建筑，并分为“文帮”和“武帮”：文帮就是做神像的，武帮则是做建筑的。武当山的明代古建筑，标志着汉派木雕在明代达到鼎盛时期。黄鹤楼、归元寺等古建筑也均为汉派木雕的巅峰之作。

20 世纪 60 年代，老木雕手艺师傅们为了汉派木雕的发展，抓住了外国人的喜好，破除了历代只为庙观修造佛像的成规，带领徒弟们将传统的宗教神佛制作成木雕工艺品。一经出口，这些佛像、圣母像木雕广受好评，特别是来自东南亚地区的外贸订单络绎不绝，木雕行业一片欣欣向荣。但到 20 世纪八九十年代后，汉派木雕日渐式微。

如今，汉派木雕的传承人们逐渐开始注重将文化注入木雕作品之中，致力于用木雕的语言讲好故事。例如楚文化中民俗民风的题材、神话传说和历史故事等，为现当代木雕制作孕育了一系列的灵感，使得木雕作品带有一定的思想性、故事性与文化性；此外，他们还将现代设计理念融入传统的工艺造型中，形成了既体现传统雕刻技艺，又符合现代审美取向的汉派木雕工艺品。2015 年，“汉派木雕”被列入第五批武汉市级非物质文化遗产名录。

二十、错格全对称鲁班锁

级别：第五批武汉市级非物质文化遗产名录

类型：传统技艺

“错格全对称鲁班锁”于 2015 年入选第五批武汉市级非物质文化遗产名录。

错格全对称鲁班锁

相传鲁班锁为木匠祖师鲁班发明，起源于古代汉族建筑中首创的榫卯结构，是中国古代汉族地区传统的土木建筑固定结合器，亦是广泛流传于民间的智力玩具。这种三维的拼插器具内部的凹凸部分（即榫卯结构）啮合，十分巧妙，从外观上看是严丝合缝的十字立方体。

如今，鲁班锁已从十字立方体（六子联方）发展成种类繁多、结构各异的大家族：根据开槽宽度划分为二阶、三阶、四阶；根据排列方式划分为齐格（顶格）、错格、混格；根据外观形状划分为对称、异形；根据组装方式划分为 A 型、B 型、C 型；根据内部是否有空洞划分为空心、实心；等等。本文介绍的为 A 型错格四阶全对称结构。在传统的六根鲁班锁结构上，对其结构、样式以对称的方式进行扩充，变单一结

错格全对称鲁班锁部分工艺

构为群体结构。除增加可玩性外，还力图使其成为青少年学习空间几何的载体。

鲁班锁作为土木建筑的固定接合器，广泛应用于我国古代汉族土木建筑当中。鲁班锁体现了中国古代建筑不用钉子、绳子而仅仅依靠木构件自身结合的摩擦力维持稳定的榫卯结构精髓，有着严谨有序的结构美和镜像对称的造型美，其凹凸咬合又暗合中国古典哲学中的阴阳两分又相互补充的理念。因此，鲁班锁又叫“八卦锁”。鲁班锁不仅仅是我国古代劳动人民智慧的结晶，更是全人类在土木建筑探索上的不朽丰碑。

中国古代工艺虽然发达，但是在相对轻视技术的文化传统影响之下，对于古代工艺做出系统介绍和总结的著作却比较少。而且鲁班锁长期被看作是一种魔术道具，民间魔术艺人社会地位较低，往往缺少文化，无力记录、整理魔术技法，加之魔术师们长期养成保密的风气，有“宁给三元钱，不把艺来传”的说法，使得历代很多魔术发明创造都没有被记载下来以流传后世。

传承人李遵西

所能查到最早介绍鲁班锁这种玩具的详细文字，是清末光绪年间唐芸洲（又名唐再丰）石印的一本魔术书《鹅幻汇编》（又称《戏法图说》或《中外戏法图说》）。书中将鲁班锁命名为“六子联方”，并配有插图，称它“乃益智之具，若七巧板、九连环然也。其源出于戏术家”。这种玩具容易拆解但很难组装，成为锻炼孩子们智力和动手能力的佳品。

大部分人在没有接触鲁班锁之前，还以为是一个古代的锁具。但在武昌的城隍殿见到了鲁班锁的传承人李遵西后，我们才知道，现在我们说的“鲁班锁”其实更像是一个益智玩具。

李遵西，1950 年 10 月生。他对这一独特的工艺技能情有独衷，挖掘、整理错格全对称鲁班锁技艺，对传承这一中国传统文化起到一定作用。同时，他在中小学校广泛开展传承活动，对研究中国传统手工技艺、开发学生智力有着积极的作用。近几年通过会议、教学等方式，李遵西已将这一传统技艺传播到全国各地。

李遵西多年来收集、整理鲁班锁，对这一传统的游戏从数学角度进

李遵酉钻研鲁班锁

行研讨，找出规律，并开发了多款数学游戏。

“对传统技艺最好的传承，就是让它走进民间，让老百姓喜欢它，爱摆弄它。”李遵酉说。他常常带着他的鲁班锁走进社区、走进校园，他还编撰了一套教材，教人们认识鲁班锁以及怎么快速解开鲁班锁。

2016 年，晒湖小学鲁班锁拼装大赛成功举办，师生欢聚一堂，体验鲁班锁的智慧和乐趣。几年来，鲁班锁多次走进武汉市中小学课堂，成为师生们的教学用具。2016 年，李遵酉入选第三批武汉市级非物质文化遗产项目代表性传承人名录。

错格全对称鲁班锁还走向了世界舞台。在 2014 年 10 月召开的中德经济技术论坛上，李克强总理将一精巧的鲁班锁作为礼物送给德国总理默克尔。他说，解开鲁班锁是解决一道难题，相信中德之间的合作能不断创新，共同破解世界性难题，开启美好的未来。德国作为精密制造

2016 晒湖小学鲁班锁拼装大赛

业的大国，堪称世界制造业的标杆。而中国有着五千多年深厚的历史文化底蕴，其传统的古代工艺技巧、古代手工技术在全世界范围内也是赫赫有名。中国和德国的碰撞，也是中国为了更好地向先进的制造业大国学习。

面对日益发展的新时代，习近平总书记向社会号召弘扬“工匠精神”。鲁班锁是中国古代传统土木建筑中的代表建筑器具，我们对于其蕴含的历史文化内涵和工匠技艺、工匠精神要在传承的基础上不断地推陈出新，革故鼎新，使其更好地面向未来，走向世界。

二十一、武汉渡江习俗

级别：第五批武汉市级非物质文化遗产名录

类型：民俗

渡江，武汉人称之为“玩水”。武汉是江城，缘江而起的生活习俗与兴趣，正是市民文化、城市品格形成的源头之一。《诗经·周南·汉广》曰：“汉之广矣，不可泳思。”《邶风·谷风》曰：“就其深矣，方之舟之，就其浅矣，泳之游之。”这是《诗经》中两篇记载长江和汉水游泳的诗。早在宋代，武昌城下，常有善泅健儿结队成群，手执五彩旗，出汉阳门，搏击长江，或打鼓球或踩水，两岸观者如潮，欢声雷动。

1934 年 9 月 9 日，酷爱体育运动的武汉警备旅官兵与体育界人士联手，在武汉举办第一次横渡长江游泳竞赛活动，起点设在武昌汉阳门码头，终点设在汉口三北码头，全程 5000 米，有 44 人参加横渡，40 人到达终点，张学良向冠军鞠华强赠送一面刻有“力挽狂澜”的银盾。新中国成立后，于 1956 年开始组织一年一度的横渡长江竞赛活动。同年 5 月 31 日，63 岁的毛泽东主席视察武汉，首次畅游长江，游后乘兴写下著名的《水调歌头·游泳》，诗中写道“才饮长沙水，又食武昌鱼，万里长江横渡，极目楚天舒。不管风吹浪打，胜似闲庭信步”，横渡长江因此闻名于世。

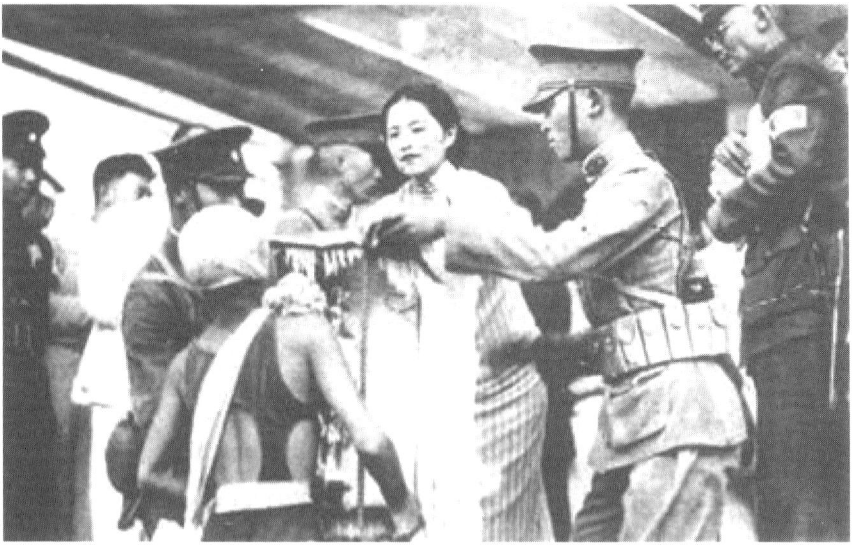

1934 年 9 月 9 日，第一届渡江节颁奖

2011 年武汉国际渡江节 · 长江挑战赛活动

每年的7月16日，武汉都会举办渡江节，此节日是为纪念毛泽东主席畅游长江。在渡江节上，除了普通游泳爱好者参与的不计时横渡活动外，还设置有个人计时比赛，称为抢渡赛。由武汉渡江习俗衍生的武汉横渡长江博物馆矗立在汉口江滩公园内，该馆采用苏式建筑风格设计，共7层，总建筑面积为4975平方米。博物馆集参观和体验于一身，展示内容包括“击水中流”“情系长江”“大江弄潮”三部分，通过图片、视频、实物等史料，结合写实油画、雕塑等艺术品，再现了毛泽东主席多次横渡长江的画面，展示武汉历次群众性渡江活动盛况，以及武汉人历史悠久的渡江习俗、文化。

时至今日，渡江节已经成为武汉的专属名片。渡江带给武汉人的不仅是勇往直前、乘风破浪、不畏艰险的渡江精神，更塑造了武汉敢为人先、追求卓越的城市精神。2015年，“武汉渡江习俗”被列入第五批武汉市级非物质文化遗产名录。

二十二、武汉道教音乐（全真派宫观音乐）

级别：第六批武汉市级非物质文化遗产名录

类型：传统音乐

历史上，全真道作为南宋时的四大道教教派之一，元代以后便与正一道二分天下，《青岩丛录》有道“神仙方技之术，又有二焉：曰炼养也，曰服食也”，说的便是全真道。由于修炼方式的不同，两派音乐风格亦不同，武汉地区长春观、大道观保存至今的宗教仪式与诵经音乐即属于全真派。“道教手印”代表性传承人任宗权道长也是“武汉道教音乐（全真派宫观音乐）”的代表性传承人。

道教音乐演凑

代表性传承人任宗权

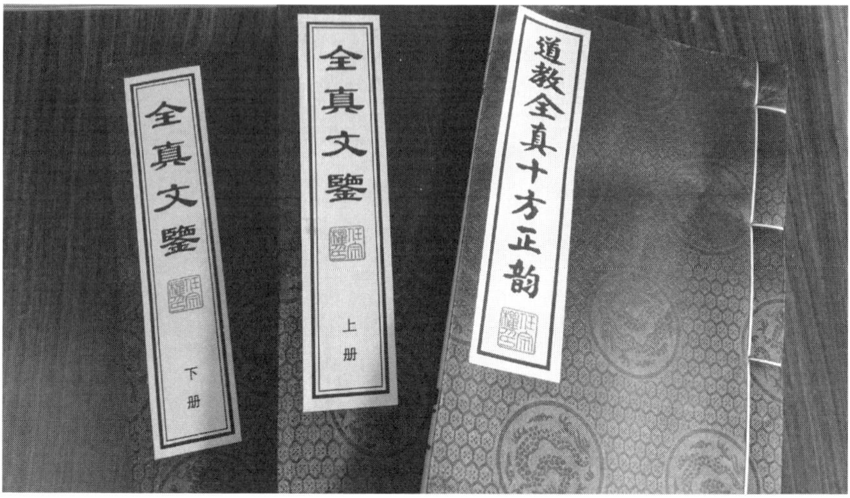

《全真文鉴》与《道教全真十方正韵》

武汉道教音乐所属的全真派道乐具有悠久的历史与鲜明的特点。元代以来，全真派与正一派在道教二分天下，两派具有相似的音乐传统，但由于教义与修持的不同，全真派道乐以清末《全真正韵》为基础，逐渐自成体系。各道观以此为范本逐渐推广，又融入一些地方腔韵，构成了近现代全真派音乐的大体状况。

不同于正一派演奏乐器多样性的特点，全真派音乐形式以声乐为主。常见的有独唱、齐唱，以及散板式吟唱，并伴以档子、镲、木鱼、鼓、钟、磬等打击乐器。全真派并不提倡器乐独奏或重奏，器乐在早晚功课中仅以较为简单的伴奏形式出现，只有在规模较大的宗教活动中才会加入少许吹管乐器，近代之后，拉弦、弹拨类乐器也逐渐进入全真派音乐体系中。除此之外，全真派音乐演奏中较少出现独立曲牌，而正一派音乐有较多曲牌，两相对比下，全真派音乐具有更纯粹的宗教色彩。

长春观、大道观的音乐传承主要依靠道观自身的教育体系与师徒的口传心授，至今保存有一套完整的仪式与诵经音乐。观内以笙、管、笛、箫等吹管乐器与打击乐器为主，兼有“跑五方”放赦、破城等放焰口时的特色。民国以降，陈明昆、王世南、喇万慧、韩高超、黄宗胜、闵智亭、惠兴德、任宗权、雷宗南、张崇兴等道长曾在两处道观为音乐传承付出心血，留下了包括《澄清韵》《举天尊》《双吊挂》《单吊挂》《慢澄清板》《柳枝雨》等在内的一百多首曲目。今时长春观的《十王转案》精彩依旧，且具有一定地方特色。

2017 年，“武汉道教音乐（全真派宫观音乐）”被列入第六批武汉市级非物质文化遗产名录。

二十三、武当纯阳剑

级别：第六批武汉市级非物质文化遗产名录

类型：传统体育、游艺与杂技

“腰似龙蛇左右转，穿连绕步随心缠”一语为我们描绘了武当纯阳剑在演练时的视觉感受：那一撩一点，一挂一穿，力道柔中带刚，剑法看似无意、毫无章法，实则暗藏玄机。人们的视线往往随着剑游移，为舞剑者舒展的身姿陶醉不已，殊不知舞剑者的步法最能看出端倪。舞剑

汪峻表演纯阳剑

过程看似是舞者在“左右转”“随心缠”，然舞者何以能保持在一定的秩序中，而不显得动作凌乱呢？关键还在这步法之中。伴随着舞剑者圆舞圈的步法，舞剑者保持在一定的范围之内，动作有了轨迹可循，因而表演显得秩序井然，蕴含着中国古代关于“规束”与“明伦”的哲学思想。舞剑者最终达到人剑合一的境界，整体的动作便如行云流水般深远绵长，招式既已而韵味不断，这不能不说是美的享受。

说起武当纯阳剑，则不能不先提武当山。武当山是道教名山，也是武当武术的发源地，被称为“亘古无双胜境，天下第一仙山”。元末明初，道士张三丰集武当武术之大成，开创武当派。武当武术是中华武术的重要流派，与武当道教有很深的渊源。武当道士在修炼学道时，常常兼习武功。武当武术曾因道教隐秘单传而未能为民间所见，清代至民国时期，社会动荡和道教衰微使许多修道人离开武当山还俗，武当武术因此得以流传至民间。

武当纯阳剑，又名“八部纯阳龙吟剑”，是武当山秘传剑法之一，与纯阳拳、纯阳功合为“纯阳三分技”。“纯阳”的含义很多，一指吕洞宾，其道号为纯阳子，他本人是道教全真派祖师；二指与阴邪行为相对应的正义、刚强中正的品质；三是道家讲的修行，丹经中有“造之则朱”的说法，说的是修道炼丹到有成就之后，人的精气与形神凝聚为一，其情景似一个红太阳，故称“朱”。到此境地，入水不溺，入火不焚，称为“纯阳”。武当纯阳剑以“风吹荷花，带劈刺杀”为练剑形技的特点，贯穿崩、撩、点、挂、穿、扫、截、抽、格、洗、架、压等剑击之道。

与其他武当武术一样，武当纯阳剑的理论体系基础与套路风格主要有三个来源：中国古代武术攻防理论、《周易》中的某些原理与道教内丹功法的经验。其理论核心是阴阳消长、八卦演变和五行生克，它以养生练功、防身保健为宗旨。

新中国成立后实行宗教信仰自由政策，与道教相关的组织在一系列的规范和管理之下秩序井然。20 世纪 90 年代以来，随着对道教文化进行重新挖掘、解读的呼声渐高，作为武当道教产物之一的武当武术也不断扩大影响力，甚至走出国门、走向世界。2017 年，“武当纯阳剑”被列入第六批武汉市级非物质文化遗产名录。

汪峻，名汪诚杰，1976 年 12 月生，纯阳拳当代宗师汪兆辉之子。汪峻幼年随父习武，1988 年尊父为师，兼习纯阳功、拳、剑，成绩斐然，现为武当纯阳拳、武当纯阳剑第二十四代传人。

1996 年，汪峻在其父创办的武当纯阳拳馆、武昌武术学校开展纯阳剑、拳的教学工作。同年，随父参加在石家庄市举行的全民健身科学养生大会并进行了武当纯阳剑的演示。1999 年，被中国武术协会授予中国武术四段。同年，被湖北省体委评为省一级裁判。2003 年，参与人民体育音像出版社“中华武术展现工程——武当纯阳拳系列”录制工作，并演练纯阳剑。2007 年，在“与城运同行·庆五一”武汉市职工武术邀请赛上，汪峻演练的纯阳拳、剑分别荣获拳术第一及剑术第一的成绩。2013 年 9 月，参加中国（武汉）期刊交易博览会演武大会，其演练的武当纯阳剑获得第一名。此外，汪峻还受邀在武当名家表演会上演练了武当纯阳拳，被授予“武林百杰”称号。

近年来，为响应“非遗”文化进校园的号召，汪峻在武当纯阳拳晒湖小学“非遗”培训基地开展武当纯阳剑的教学。迄今为止，他已为武当纯阳剑的推广与传播做了大量工作。2019 年，汪峻入选第四批武汉市级非物质文化遗产项目代表性传承人名录。

作为非物质文化遗产，“武当纯阳剑”具有多方面的价值。就历史价值而言，武当纯阳剑作为武当武术的一部分保留至今，其中的四十二剑谱蕴含的理念、引用的理论对于我们研究武当武术、武当道教甚至是佛道儒三教融合具有一定的助益。就科学价值而言，武当纯阳剑作为一种体育竞技类的表演艺术，原作为道士修道与强身健体的辅助性活动，适合体弱者练习，长期坚持对调节呼吸机能、促进血液循环和提高新陈代谢功能都大有益处。就思想价值而言，作为中华武术和中国道教不断发展的产物，武当纯阳剑的招式中渗透着“阴阳调和”的思想，这种对于中庸、平衡和稳定的追求有助于我们了解古人的思想世界。而其作为武当武术的一部分，经历了自带神秘主义光环到民间流传的过程，融合了宗教与世俗的因素，因而我们能窥见两股文化的融合历史。

二十四、双钩书法

级别：第六批武汉市级非物质文化遗产名录

类型：传统美术

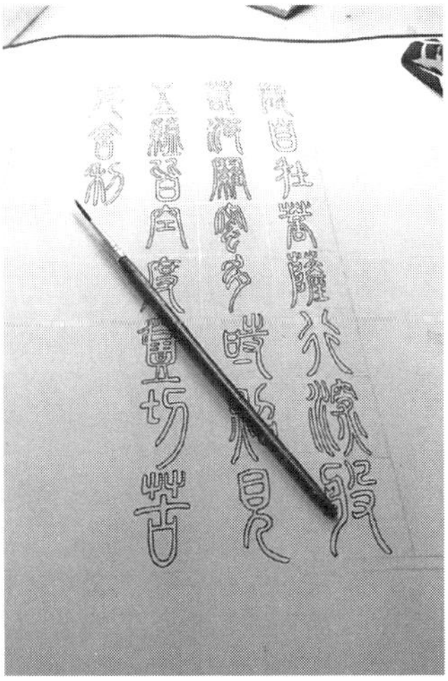

双钩书法演示

双钩书法指以笔单线直接写出某种字体的空心字。在印刷技术尚不发达的古代，人们为了能使名家书法作品得以流传，便按照作品的原样，勾勒出空心字，再填上黑墨，以使观者得到近似真迹的作品。后来，这样的摹写方式成为人们学习书法的一种方法，并逐渐发展成为我国独特的书法艺术。

双钩在表现出汉字的点、横、撇、捺、竖、弯、勾等笔画以及笔画交叉、笔画相连、枯笔、断笔等时，无不是围成一个或几个完全封闭的不规则的曲线圈。（单个笔画或者偏旁部首的双钩，必须是循环一圈，不能断线）因为任何传统的单个笔画及多笔相连的笔画，外部与内部的墨色边缘线总能互相连接，所以，完成后的双钩线条不能中断，大至围圈，小至点画，都不能改变这个技法的规律。

因此，双钩书法对书写者传统书法技艺的要求颇高，要求书写者对字体结构烂熟于心，书写游刃有余。书写者在书写的过程中，内心必须要让每一个字都形成“数字化”概念，同时要掌握笔法及章法布局，更要游刃有余地控制手中的笔，使其线条恰到好处，达到“笔法精细，若游丝萦绕、孤烟袅风，连绵不断，风味有余”的境界。2017 年，“双钩书法”被列入第六批武汉市级非物质文化遗产名录。

“双钩书法”传承人杨贤毅，生于 1968 年 9 月。1989 年入湖北省书画艺术专修学院进修。其在垂髫时期开始练笔，学习书法过程中通篇临习历代碑帖，痴迷书法几十载，潜心创作和研究，并多次成功举办个人作品展，并在国家版权局注册拥有完全知识产权的“浮雕创意书法”“双钩书法”和“刀刻双钩书法”作品。其“非遗”系列“双钩书法”作品已成为“武汉礼物”指定对外礼品。杨贤毅接受湖北卫视、上海东方卫视、湖南卫视、福建海峡卫视、四川卫视、武汉电视台等六十余家省内外媒体采访，其书法作品深受海内外藏家的青睐，并受邀为“中影飞尚”“洪山菜薹”等题字；主编出版两套（一套六本）书法专业指导字帖，已在全国各大新华书店发行；连续三届在湖北省绝技绝活大赛暨总决赛中斩获大奖。2003 年 3 月，他收到上海大世界基尼斯总部的来函，称双钩书法在吉尼斯世界纪录史上亦是一项空白。由他创造的 625 ㎡世界最大汉字书写纪录保持至今。2018 年 5 月，杨贤毅艺术作品正式入选《中国邮册》，将以邮票、电话卡、明信片、钱币形式面向全国公开发行。杨贤毅还不遗余力地参加社会公益活动，弘扬中华传统文化，诠释博爱、奉献、进取的名家风范。

杨贤毅经常到祖国的大江南北去访古，去人迹罕至的地方寻探真迹。正是在探索与发现的过程中，他的艺术个性得到了凝炼，在笔墨线条的枯润浓淡中表达了他的心灵艺术。他为了传承书法国粹，已举办专

双钩书法字帖

杨贤毅老师传授双钩书法

题讲座50余场，包括高校学生、在校教师等近万人受益，培养了大批书法人才，让民族文化得到传承。2019年，他入选第四批武汉市级非物质文化遗产项目代表性传承人名录。

二十五、楚式古乐器制作技艺

级别：第六批武汉市级非物质文化遗产名录

类型：传统技艺

目前，楚式古乐器制作技艺主要指针对出土母胎乐器进行修复与复制的技艺。出土于曾侯乙墓等楚墓内的乐器种类繁多，包括金属类的钟，石类的磬以及漆木类的鼓、琴、瑟、篪、排箫等。2017 年，“楚式古乐器制作技艺”入选第六批武汉市级非物质文化遗产名录。

“楚式古乐器制作技艺”代表性传承人刘比建，生于 1956 年 10 月。

刘比建 2017 的作品《堂鼓》

刘比建正在复制九连墩漆木十弦琴过程中

他青年时期进入民族乐器厂做学徒，一直从事艺术工作，至今已四十余载。他以湖北省博物馆、和之和艺术创作有限公司为平台，长期从事漆器文物修复，漆木古乐器修复、复制工作，重点研究楚漆器、漆木类古乐器。2018 年，刘比建荣获第七届“中国工艺美术大师”称号。其工作室为湖北省博物馆出土古漆器定点复制单位。2018 年 10 月，由中国轻工业联合会、北京非物质文化遗产发展基金会联合授予刘比建工作室“非遗传承基地”的牌匾与荣誉证书。他还获得国内工艺美术类最高奖项——百花奖金奖 5 项，并被特邀参加第四届中国“非遗”博览会、2018 年北京中国当代工艺美术双年展。2016 年的作品《彩绘人物车马出行图漆奁》（复制品）被湖北省博物馆收藏；作品《仿古九连墩十弦琴》被中国国家博物馆收藏。2018 年，刘比建受特邀参加国际博物馆协会乐器专业委员会年会，应邀参加湖北省博物馆举办的国际博物馆协会乐器专委会 2018 年年会，并在会议期间进行个人作品展示。2019 年，刘比建入选第四批武汉市级非物质文化遗产项目代表性传承人名录。

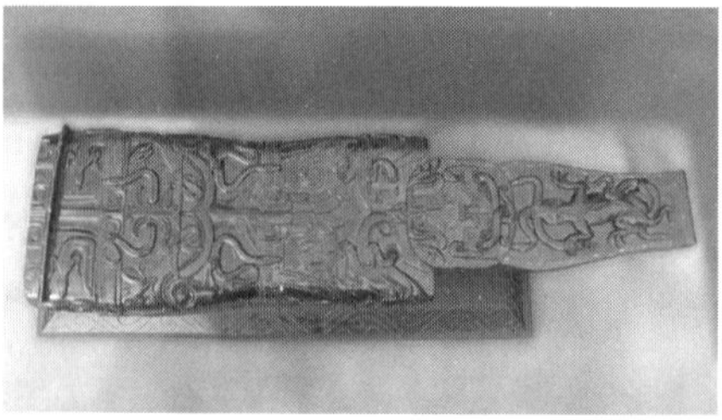

漆木十弦琴

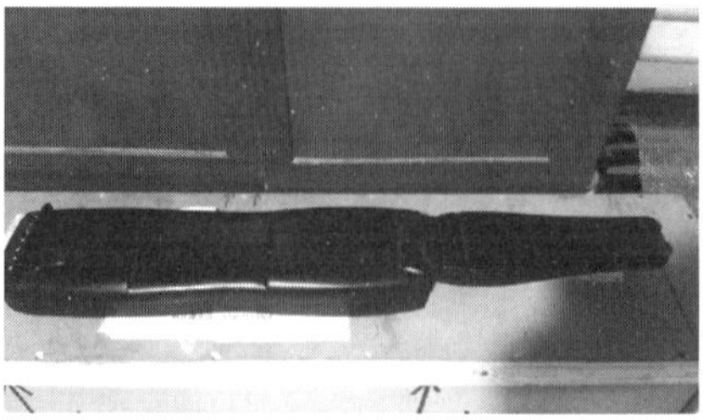

刘比建 2008 年的作品《郭店七弦琴》

楚式漆器历史悠久，一般用楠木、樟木雕刻，上天然漆，待自然干燥后彩绘而成。天然漆具有防潮防腐功能，使漆器历经千年仍光彩夺目。湖北的气候环境利于漆树生长，这也使得楚人对漆器情有独钟，出土文物中不仅有漆杯、漆碗、漆盒等生活用具和漆鹿、漆座屏等工艺品，乐器往往也上漆，如漆琴、漆瑟等。这就使得对漆艺的掌握成为楚式古乐器制作中一个特别又至关重要的能力。除此之外，制胎、髹漆、雕刻、彩绘、材料制备及丝弦的配制都需要精艺求精。

目前已发现与整理了许多濒临消失的楚漆古乐器制作绝技，包括古乐器的发声机理，古漆木类乐器的选材、造型及其对发音、音质影响的演变过程，琴弦的选材、制备及其对发音、音质的影响等。

经过与湖北省博物馆等文保、科研机构的合作，知名战国古琴漆木十弦琴于 2016 年实现了复原。据刘比建介绍，漆木十弦琴的制造技艺是以口耳相传方式传承，湖北出土了包括曾侯乙编钟在内的众多古乐器，楚漆木类古乐器是楚国当时建制乐队不可或缺的主要配置，也是中国古乐器逐渐走向成熟的标志。

作为漆木十弦琴、曾侯乙古瑟、虎座鸟架鼓唯一的馆藏复制件制作大师，“楚式古乐器制作技艺”传承人刘比建是在 1987 年与这些古乐器结缘的。这一年，湖北随州出土大批古乐器，包括曾侯乙编钟与大批古琴、古瑟，刘比建因为表现突出而被选入湖北省随州擂鼓墩出土古乐器复制专家组，从此开始长期为湖北省博物馆做楚式漆木器类文物修复的工作。古乐器的修复要让古乐器发声、还原古乐器音质，能演奏是重要目标，刘比建认为，除了需要具备高超的漆器制作技艺，还要对楚文化了如指掌，这样才能达到“整旧如新”的境界。他说，要更好地传承传统工艺，“就应该让这项传统技艺与现代生活环境相结合”。

二十六、武汉老谦记传统豆丝制作技艺

级别：第六批武汉市级非物质文化遗产名录

类型：传统技艺

武汉人喜欢在外面吃早餐，俗称“过早”。这既是一种生活习惯，更是老武汉传统的风俗与情趣。武汉人的早餐选择多种多样，在此之中，老谦记豆丝绝对是不可不尝的美味。

“老谦记”原名“谦记牛肉馆”，店址最初设在武昌青龙巷。店铺主要供应牛脯、牛肉枯炒豆丝、牛肉煨汤、原汤豆丝、清汤豆丝五个品种，其中又以牛肉枯炒豆丝最为出名。

豆丝是湖北的传统食物之一，是用绿豆、大米等作为原料制成的。将豆子或者大米磨碎成浆后，在锅里摊成皮，卷好切丝成为豆丝。豆丝

老谦记传统豆丝

分干湿两种，各有千秋。干豆丝有嚼劲，湿豆丝则口感细腻。牛肉枯炒豆丝选料精细，由黄牛眉子肉、优质绿豆和大米精制而成。其色泽黄亮，肉质鲜美，集色香味于一体，堪称一绝，不论是年迈的老者，还是时尚的年轻人，对老谦记豆丝的口感都是赞不绝口。

近百年来，老谦记经历起起落落，但口碑却一直很好，在武汉小吃界享誉盛名。

> 民国十六年（1927年），青龙巷中段开了一家小吃店，叫谦记牛肉馆，店主姓蒋，江西人。谦记牛肉馆门面不大，只摆了三两张小桌，但其烹饪技艺高超，特别是牛肉炒豆丝，用文火慢烧，两面枯黄，中间嫩软，让贪嘴食客大呼过瘾。牛肉只选三五岁黄牛肉，豆丝只选青山黄毛粘，煨汤只用砂锅。一时间，政、学两界名人，都成了小店的座上客，极盛之时，每天门口都停了几辆达官贵人的小轿车，在当时之武昌，无出其右。
>
> ——小引《青龙巷口夕阳斜》

大革命时期，毛泽东同志在武汉从事革命活动时，曾品尝过老谦记的招牌美食，并对此赞赏不已。1958年，在李先念的关心和支持下，“老谦记”终于恢复了营业，在武昌民主路西开设了一家新的店铺。

1958年，老谦记的第二代传人黄敬民开始师从创始人冯有权老夫人。黄敬民学艺精湛，掌握了牛肉枯炒豆丝的秘制配方并深谙烹制方法，深得老夫人喜爱，并与老夫人于1960年在北京人民大会堂参加了全国技术革新与技术革命表演大会，受到了中央各领导人的亲切接见。1998年，她又高调复出，重新挂起了老谦记的招牌，受到了国内外游客的欢迎。

老谦记传统豆丝传承人

1985 年，老谦记的第三代传人沈祖学跟随其母黄敬民老夫人开始学习老谦记豆丝的制作技艺。直至 1987 年，因房屋拆迁，老谦记暂停营业。随后他又至其他酒楼学习烹调技艺，并成长为一名后厨管理人员。2003 年，户部巷开街。作为一条开放性美食文化历史街区，户部巷已经成为“汉味小吃”的代名词和武汉的城市名片。同年，在市、区两级政府的关心和支持下，老谦记在户部巷开设店铺，店主沈祖学在其母亲的帮扶下开启了老谦记的新时代，将谦记牛肉炒豆丝这一单一品种发展成了一个模式较为成熟的产业链。2003 年至 2005 年，在武汉第五届、第六届美食文化节上，老谦记枯炒豆丝荣获“江城名吃”“特色小吃展销金奖”等称号。2016 年，牛肉枯炒豆丝获得了国家旅游局颁发的首届“中国金牌旅游小吃金奖产品”的殊荣。2017 年，“武汉老谦记传统豆丝制作技艺”被列入第六批武汉市级非物质文化遗产名录。2019 年，沈祖学入选第四批武汉市级非物质文化遗产项目代表性传承人名录。

如今，老谦记豆丝与蔡林记三鲜豆皮、武汉樱花饼等一同，成为由武汉人民票选的 15 家“户部巷最汉味小吃”。经历了百余年风雨的老谦记，在今天依旧焕发着老字号的风采。

二十七、迎“馆星”

级别：第一批武昌区级非物质文化遗产名录

类型：民俗

迎“馆星”是旧时古城武昌春节期间一项在十字街（今保安街一带）和筷子街（今大堤口江边一带）的民间特色欢庆活动。其形式是人们抬着由七八岁的孩童装扮成的“八仙”——吕洞宾、铁拐李、张果老、曹国舅、韩湘子、汉钟离、何仙姑、蓝采和巡游，每位神仙安坐在一特制的方桌上，他们所持的法器上站立两个由 2 岁左右的幼儿扮成的“金童玉女”。如：吕洞宾手持云帚，身背宝剑，盘腿端坐在方桌上，云帚、宝剑的上端站着“金童玉女”；方桌四面围以锦缎，彩杠穿插两边，由 4 个穿彩服的汉子抬起“宝座”巡游。八位神仙和“金童玉女”前后排列有序，锣鼓闻道，声乐齐奏，鸣放鞭炮，观者成千，尤为壮观。这种出迎庆贺节日的热闹场面，武昌的老人仍记忆犹新。

此外，还有扮成水泊梁山和《白蛇传》的人文故事，如：《白蛇传》中的许仙撑着伞，伞沿边站一孩童。每台不同的故事都是先用钢筋扎成骨架，再用服饰彩缎系围，从外观上看不出“金重玉女”悬在空间的景观真相。

迎“馆星”在民国年间盛行，新中国成立前十字街还出巡过几次，后来逐渐消失。

“迎‘馆星’”于 2008 年 6 月被列入第一批武昌区级非物质文化遗产名录。

二十八、冲菩萨（甘蔗节）

级别：第一批武昌区级非物质文化遗产名录

类型：民俗

“三月二十八，洪山敬菩萨，有钱吃甘蔗，无钱吃麻花。”这是曾经流行于武昌的一首描述冲菩萨习俗的民谣。旧时武昌东郊、洪山东岳庙举行一年一度的甘蔗节，就是冲菩萨这一习俗的体现。

唐玄宗开元十三年（725年），封泰山神为“天齐王”。宋真宗大中祥符元年（1008年），诏封东岳“天齐仁圣王”，四年（1011年）又尊为帝，称“东岳天齐仁圣帝”，民间又称为“东岳大帝”或“东岳菩萨”。据说三月二十八日为东岳诞辰，民间寺庙、道观会在此日举办庙会，称“天齐会”，其中尤以武昌洪山宝通寺的天齐会最引人入胜。

据《汉口商号名录》“汉口岁时记”记载：“三月二十八日为东岳诞辰，以大东门外大东岳庙香火最盛。男女祀神者，便游洪山。”是日，绅商仕学、各业工匠、普通百姓们结伴前往，烧香拜佛，祈求神灵赐福；寻芳览胜，沐浴大好春光。寺内香火鼎盛，山间游人如织。从早到晚，僧侣会不断撞钟、击鼓、敲磬，钟声、鼓声、磬声伴随着木鱼声、念经声、谈笑声，不绝于耳。在烟雾缭绕中，一些善男信女们跪在神像前的蒲团上，虔诚地磕头，祈求神明保佑自己和亲人多福多寿。

而此日吃甘蔗传统的来源则更为有趣。相传元末农民徐寿辉在鄂东蕲水起义称帝，派遣邹普胜智取武昌，约定城内接应者手持甘蔗为号。邹部入城后，见手持甘蔗者或门前有甘蔗渣的人家，概不侵扰。此后，武昌民间遂流传着此日吃甘蔗便可得福消灾的传说。而在天齐节这日，游人如织，小贩不愿意错过这个赚钱的机会，便到洪山一带去摆摊设点，卖甘蔗、麻花或其他物品，故此天又称为“甘蔗节”。

1938 年 4 月，武汉警备司令部以“国难严重，空袭时闻，为策人民安全起见”，明令禁止民众在一年一度的甘蔗节期间往游洪山。武汉沦陷后，冲菩萨（甘蔗节）从此失传。

2008 年 6 月，“冲菩萨（甘蔗节）”被列入第一批武昌区级非物质文化遗产名录。

二十九、武昌起义故事

级别：第二批武昌区级非物质文化遗产名录

类型：民间文学

1911 年 10 月 10 日夜，工程第八营革命党人代表熊秉坤首先在湖北新军工程第八营营房发难，打响了辛亥革命武昌首义第一枪。随即，他带领该营士兵冲上楚望台，占领中和门（起义门）、保安街、望山门，与楚望台军械库的守库士兵会合。楚望台被占领后，响应起义的各标、营士兵，军事学堂的学生兵，在革命党人的率领下，纷纷集于楚望台。南湖炮队进城后，即以猛烈的炮火攻击总督署。汉阳、汉口的革命党人闻风而动，分别于 10 月 11 日夜、10 月 12 日光复汉阳和汉口。

起义军占领武汉三镇后，组成湖北军政府，以红楼作为中华民国鄂

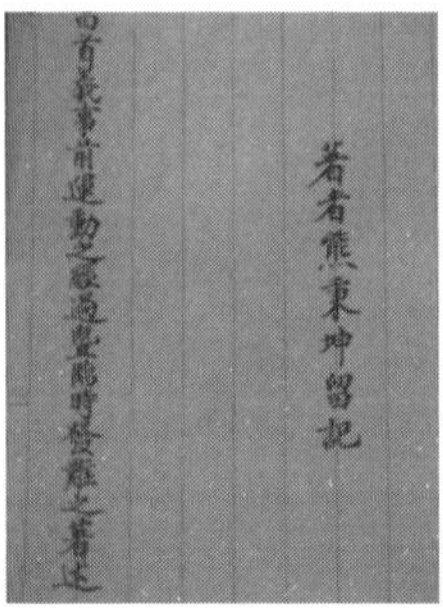

熊秉坤手稿

首义公园

辛亥革命武昌首义纪念碑

鄂军都督府

彭刘杨三烈士雕塑

军都督府办公地，黎元洪被推举为都督府都督。军政府成立后，颁发第一号布告，宣布废除帝制，建立中华民国，并通电号召各省起义。12月，孙中山经17省代表会议推举为中华民国临时大总统。1912年1月1日，中华民国临时政府在南京宣布成立。随后颁布具有资产阶级共和国宪法性质的《中华民国临时约法》。2月12日，清帝溥仪被迫退位，中国最后一个封建王朝被推翻。

辛亥革命武昌起义爆发后，黄兴闻讯，立即从香港经上海于10月28日抵汉，就任起义军战时总司令，指挥起义军将士与数倍于己的清军在汉阳、汉口展开激战，即著名的“阳夏之战”。

2012年2月，“武昌起义故事”被列入第二批武昌区级非物质文化遗产名录。

三十、付氏皮匠传统制作技艺

级别：第二批武昌区级非物质文化遗产名录

类型：传统技艺

住在武昌区紫阳街保望堤社区保安街62号、世代做鞋的付贵定师傅，人称“付皮匠”，多年来在武昌及周边地区制鞋。其制鞋工序首先是画样、量尺寸，然后选材料、制版，再下料制帮、配底，最后进行后工序处理，一双鞋就基本完成。付家的传统制鞋技艺是以鞝鞋、皮底、软缎、硬缎绣花布鞋为主，制鞋的工具包括有着百年历史、由檀木制成的鞋模，以及压钳、刮钎、皮刀等。

据悉，早在道光年间，付贵定的曾祖父就开启了家族制鞋的历史，从此，手工制鞋就成了付家的传统手艺。靠鞋养家，以鞋生趣。鼎盛

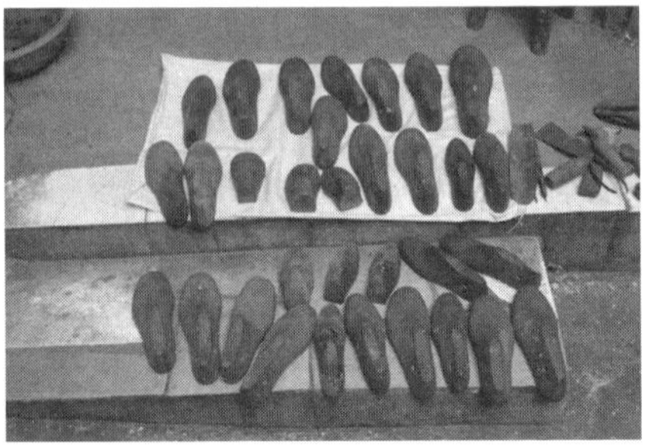

鞋模及各式工具

鞋模

付贵定师傅和他的制鞋工具

付贵定师傅在量尺寸

时，付贵定的父亲在汉口永里巷另开了家大店面。生意兴旺时，徒弟和员工达到二三十人。1938 年，日军进攻武汉时，汉口的店面被炸毁。随后，两个店面变成一个店面，店址迁到了如今的保安街。

1953 年，8 岁的付贵定因为淘气被父亲提前“抓”进鞋店，付贵定在鞋店里看着师傅们的一举一动，几乎凭“自学”学会了做鞋。由于种种原因，付家的制鞋业于 20 世纪 80 年代中断，之后，付贵定以修鞋为生，只是偶尔为找上门来的老顾客制作少量布鞋。

2012 年，“付氏皮匠传统制作技艺”被列入第二批武昌区级非物质文化遗产名录。

三十一、荆楚变脸

级别：第二批武昌区级非物质文化遗产名录

类型：传统体育、游艺与杂技

变脸最早是运用在川剧艺术中塑造人物的一种特技，是揭示剧中人物内心思想感情的一种浪漫主义手法。相传，变脸是古代人类面对凶猛

演员在台上表演

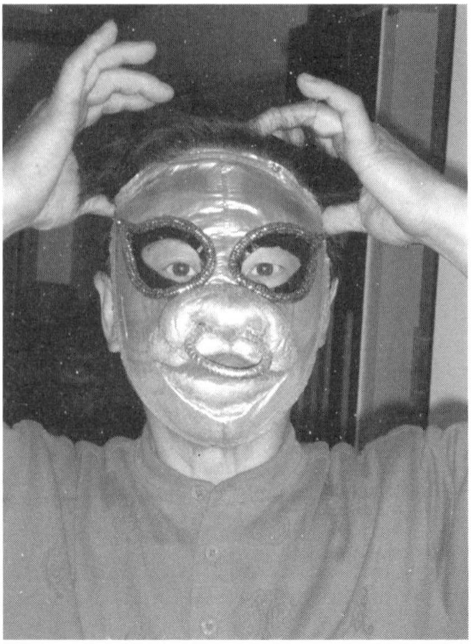

演员在戴道具

的野兽，为了生存，把自己脸部用不同的方式勾画出不同形态，以吓唬入侵的野兽。后来，川剧把变脸搬上舞台，用绝妙的技巧使它成为一门独特的艺术。

“荆楚变脸”，又名“楚汉变脸”。荆楚变脸的手法大体上分为三种：“硬脸”“软脸”“粉脸”。荆楚变脸中的“硬脸”夸张恐怖，在表演中眼、舌、牙都能动，眼口喷火；“软脸”多变快捷，用多层绸布线扯；“粉脸”轻松滑稽，只适合于粉末状的化妆品，如金粉、墨粉、银粉等等。“粉脸”以“吹脸”的方式，即在舞台的地面上摆一个很小的盒子，内装粉末，演员做一个伏地的舞蹈动作，趁机将脸贴近盒子一吹，粉末扑在脸上，立即变成另一种颜色的脸。三种变脸方式各领风骚，在艺术家的精彩表演中，给人一种独特的艺术享受。

经过发展创新的荆楚变脸更是充分利用脸谱来渲染戏曲舞台上众多典型人物的性格特征，使变脸艺术得到进一步升华，如忠诚威严的红脸关公、阴冷奸诈的白脸曹操、勇猛粗犷的蓝脸单雄信、大智大勇的猴脸孙悟空……众多脸谱生动形象地塑造了这些人物，给观众留下了不可磨灭的印象。如今，荆楚变脸时常与楚剧、汉剧、评书等在武汉吉庆民俗街上演。

2012 年 2 月，“荆楚变脸”被列入第二批武昌区级非物质文化遗产名录。

三十二、张之洞的传说

级别：第三批武昌区级非物质文化遗产名录

类型：民间文学

张之洞的传说以张之洞在湖北执政期间发生在武汉的主要故事组成，是集合了历史文化、社会风俗、民间故事为一体的故事组群。其时间范围从 1889 年张之洞接任湖广总督开始至今，包含的故事数量多且内容丰富。

清末张之洞督鄂期间，创办了湖北织布厂、汉阳铁厂等近代化企业，推动了武汉在近代的崛起。在张之洞时代，武汉城市面貌日新月异，留下了许多耳熟能详的故事，纪念他的胜迹也遍及武汉三镇，如武昌蛇山奥略楼、抱冰堂、张公堤、张之洞路等，都流传着张之洞的轶闻故事。例如：

相传，张之洞督鄂后，即着手开办汉阳铁厂。几年后，官款已用去了五六百万两银子，但是铁厂尚没有建好，用款浩繁，张之洞感到难以支持。他听闻翁同龢主张凡是亏钱了的新兴工业，均改为官督商办。张之洞为脱身，就邀请同洋商买办熟络的津海道盛宣怀来汉，表示希望盛宣怀接办汉阳铁厂。盛知其意后，有婉辞之意。后来，张之洞单独宴请盛宣怀。在桌上，张之洞把事先拟好的两份奏折草稿交给盛宣怀，盛宣怀一打开，发现一份写着“盛在任中营私舞弊，应严加惩办”等语，一

奥略楼

抱冰堂

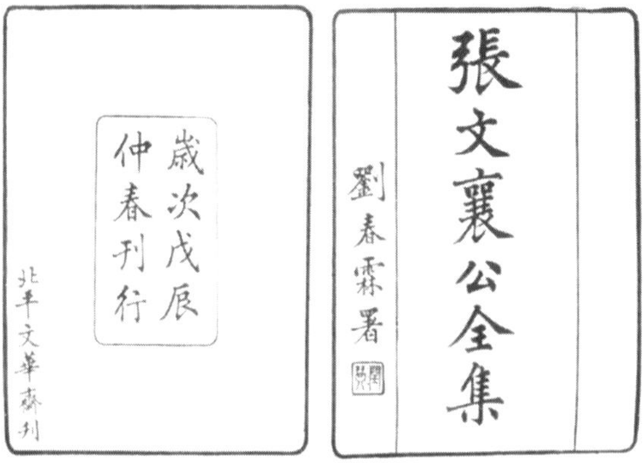

《张文襄公全集》书影

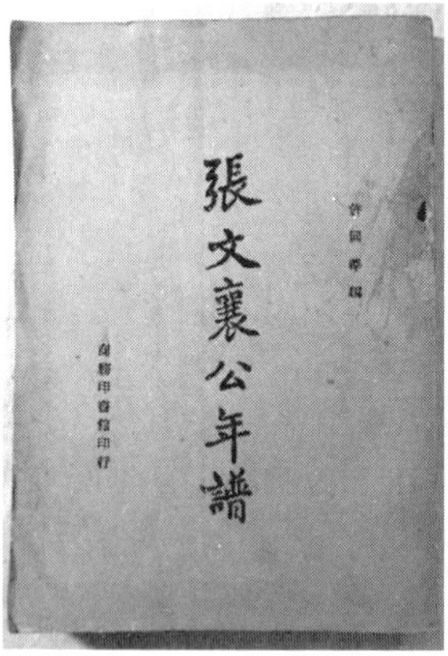

《张文襄公年谱》书影

份写着“盛颇有才具，堪以接办铁厂”等语。盛宣怀看完后立即对张之洞说“制台厚爱，敢不遵命”，表示愿意极力筹划，接办铁厂。张之洞用两面手法，逼得盛宣怀在开办汉阳铁厂中发挥了他的卓越才能。

张之洞与武汉的故事最初由百姓口口相传，而后由文人参与记述。现能见到最早的文字保存在《张文襄公全集》，另外在其他相关文献如《清史稿·张之洞列传》《张文襄公年谱》《张文襄公治鄂记》《张文襄公幕府纪闻》等均有记载。近几十年来又有许多重要论著，不断延续传承至今。

2015 年 10 月，“张之洞的传说”被列入第三批武昌区级非物质文化遗产名录。

三十三、武汉雕花剪纸

级别：第三批武昌区级非物质文化遗产名录

类型：传统美术

武汉雕花剪纸，据史料记载由中国工艺美术大师蒋在谱家族创立，至今已有 100 多年的历史。蒋在谱的祖辈蒋传德于光绪年间由黄陂来汉口做雕花剪纸，第一代传人蒋芳康，第二代传人蒋复泰，第三代传人蒋在谱、戴振鹏，第四代传人蒋荣华、蒋梅华、刘士标等，第五代传人蔡骁龙、毛明月、葛海等。因第五代传人蔡骁龙成就最为突出，因此又称“蔡氏剪纸”。

武汉雕花剪纸的特色是连线细纹及传统破刀技法，这一特色由中国工艺美术大师蒋在谱发扬光大。蒋在谱，1916 年生于剪纸世家，从小

蔡骁龙进行剪纸创作

随父学艺。新中国成立后，蒋在谱参加武汉雕花剪纸研究会，并积极组织成立雕花剪纸生产组。1958 年，蒋在谱在武汉市工艺美术研究室从事民间剪纸研究。在湖北美术学院张朗教授的辅佐下，蒋在谱、戴振鹏等人创作了大量广为人知的极具湖北地方特色的雕花剪纸作品。蒋在谱先生的代表作品有《武汉长江大桥通车之喜》《百花齐放》《群鸟争艳》等。

在蒋在谱的传授下，刘士标等人创立了汉派色彩浓郁的武钢工业剪纸，承续了武汉雕花剪纸的发展，以钢花系列作品为代表。

进入 21 世纪后，蔡骁龙等一干新人师承刘士标，延续了武汉雕花剪纸的血脉，在前人细纹连线的特色技艺技法的基础上，开创了剪、刻双精细的新局面，使武汉雕花剪纸不仅传承弘扬了楚文化，而且以其新、雅、精、真的技艺、理论及创意思维，在坚守传统定义的基础上，

《母仪》（蔡骁龙）

《巍巍狼牙山》（蔡骁龙）

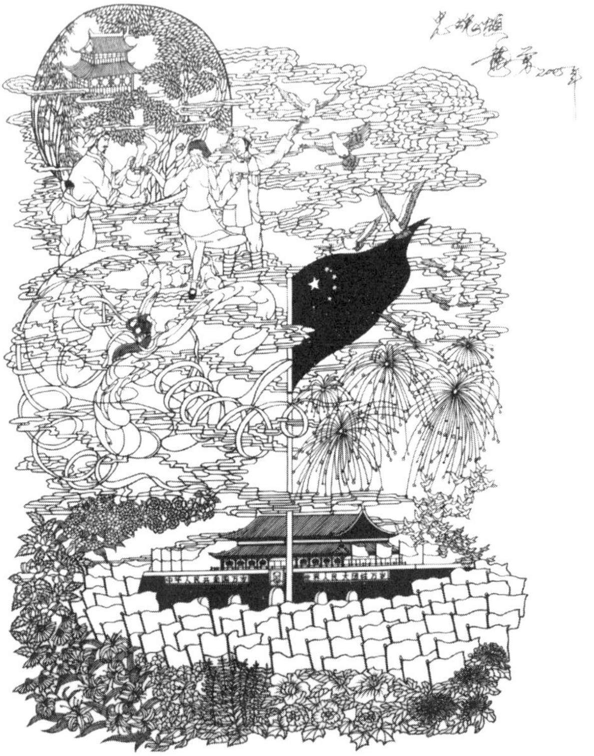

《忠魂颂》（蔡骁龙）

《起义门百年画卷》（陈建）

《红楼》（刘南茜）

拓开了剪纸艺术的新前景。蔡骁龙是湖北省剪纸艺术家和“非遗”传承人，其作品题材丰富，涵盖山水、人物、花鸟鱼虫等，代表作品有《母仪》《巍巍狼牙山》《忠魂颂》《楚韵》等。

2015 年 10 月，“武汉雕花剪纸”被列入第三批武昌区级非物质文化遗产名录。

三十四、古沙湖的传说

级别：第三批武昌区级非物质文化遗产名录

类型：民间文学

沙湖位于湖北省武汉市武昌区东北部，是武汉市仅次于汤逊湖、东湖、南湖的第四大城中湖。沙湖面积最大时超过10000亩。晚清时期，张之洞修建粤汉铁路，同时修闸筑坝，导致沙湖面积减至7000亩左右。100年后，由于市政建设的需要，部分湖面被征用，加上一段时间的无序开发，沙湖面积缩减至4000多亩。

沙湖公园

《沙湖志》书影

沙湖流传着许多人文传说和故事：北宋冯京醉倒于沙湖芦苇中，得到沙湖渔夫相助后一改昔日旧毛病，最后连中“三元”；楚王朱桢就藩武昌时，命人用沙湖边芦苇制作芦笛，从此沙湖笛声不断，故沙湖便有了“歌笛湖”的美称；清末浙江人任桐受命任湖北道元，酷爱沙湖的他倾尽家产修建江南式园林即“琴园”，并著《沙湖志》，自号“沙湖居士”。

沙湖原属余家湖村，即现今的武汉市余家湖集团有限公司，这里的居民祖祖辈辈以湖为生，对沙湖有着很深的情结。该村村民作为沙湖故事的传承人，如今通过口口相传、开展沙湖文化研讨交流、建立村史馆、制作宣传片等多种形式，传扬沙湖的故事。

2015 年 10 月，“古沙湖的传说”被列入第三批武昌区级非物质文化遗产名录。

三十五、紫阳湖的传说

级别：第三批武昌区级非物质文化遗产名录

类型：民间文学

紫阳湖的传说是以武昌区紫阳湖为载体的，集历史文化、城市发展、民间文学和故事等为一体的有深厚历史底蕴的人文型故事传说。

紫阳湖“夏以荷胜，可资游赏”，为历代达官贵人所向往，文人墨客多会于此。宋代大诗人黄庭坚和陆游在此留下了“凭栏十里芰荷

紫阳湖风光－夏日紫荷

紫阳湖历史记忆之胜利亭及民军起义国庆碑

紫阳湖历史记忆之霸王井

香”“十里亭阁菱荷香”的佳句。至明清两代，紫阳湖更是声名远扬。清代湖广总督张之洞于湖心设茶座、酒亭，常在此宴请宾客，饱览湖光秀色。相传1894年的一天，张之洞正在紫阳湖湖心亭宴请宾客，刚回国来到武汉的孙中山赶到紫阳湖，准备拜会张之洞，不承想在门外被门卫拦住。孙中山便写一张纸条让门卫带给张之洞，门卫不肯，两人发生争执，惊动了张之洞。张之洞问怎么回事，门卫说：“门外一位身着洋装的年轻人想拜会总督大人。”然后将纸条递给张之洞，只见纸条上写着：“孙文求见张之洞兄。”这一年张之洞57岁，位高权重；孙中山则是一个28岁的年轻人。张之洞很恼火，认为来人很没礼貌，便回了一张纸条给孙中山：“持三字帖，见一品官，儒生妄敢称兄弟！”孙中山看过后，立即又写了一张纸条托门卫送进去：“行千里路，破万卷书，布衣亦可傲王侯！”张之洞见后心想后生可畏，便让门卫请孙中山进来。就这样，孙中山和张之洞在紫阳湖见了面。

紫阳湖文化传承千年，形成了大量脍炙人口的文学作品，涉及历史、传说、民俗等各个方面，影响深远，具有独特的城市文化内涵和较高的社会历史价值，极具传承意义。围绕紫阳湖的传说，可以概括出三大文化符号：湖泊文化、近现代工业文化、首义文化。即以荷花为代表的湖泊文化；以首义为代表的革命文化；以张之洞为代表的近现代工业文化。紫阳湖的传说无不折射出广阔的历史背景，也印证了中国近代历史变迁和社会变革。从来没有一个湖泊像它这样，传承厚重的中华民族传统文化内涵，也从来没有一个湖泊像它这样，见证过波澜壮阔的政治洗礼，承载过如此厚重的地方历史文化。

今日的紫阳湖，是激发诗人灵感、孕育首义英雄精神的地方，是武昌的城市之根、发展之根、文脉之根，而紫阳湖的传说则对传承武汉城市文化有重要意义。

2015 年 10 月，“紫阳湖的传说”被列入第三批武昌区级非物质文化遗产名录。

三十六、武当纯阳功

级别：第三批武昌区级非物质文化遗产名录

类型：传统体育、游艺与杂技

武当纯阳功属道教全真龙门派一脉，全称为“道教全真龙门派纯阳门”。该派尊道教北五祖之一的吕洞宾为祖师，由唐末至今约1200年历史。

纯阳秘功名曰“八部纯阳”，所谓八部即纯阳炼养的八个内容：一部为“纯阳归丹之功·行卧三十六法”；二部为“纯阳沉丹之功·通经活脉十三宗”；三部为“纯阳聚丹之术·三步龟鹤聚真元”；四部为“纯阳守丹之术·五步旋转穿心莲”；五部为“纯阳还丹之术·九转八步龙行掌”；六部为“纯阳抱丹之术·八法环行十二乘”；七部为“纯阳蓄丹之术·纯阳剑术”；八部为“纯阳静丹之功·纯阳子午不老松”。

武当纯阳功之心功

武当纯阳功之百会

陈保和堂中医医生正在接待患者

痛苦发挥了巨大作用。因此，陈保和堂中医在武汉、洪湖等地形成一定影响，享有良好声誉。

2017 年 6 月，“陈保和堂中医疗法”被列入第四批武昌区级非物质文化遗产名录。

四十二、自然蜂针疗法

级别：第四批武昌区级非物质文化遗产名录

类型：传统医药

自然蜂针疗法是一种古老的自然疗法。有人认为凡是用蜂产品（蜂蜜、王浆、花粉、蜂胶和蜂针等）对健康有正面作用的活动都称为蜂疗；也有人认为只有用蜂针调理人体健康才称为蜂疗。

自然蜂针疗法的主要原理是集针、药、灸于一身，其基本内容是把蜜蜂蜇人的无意识行为放到中医所说的经络体系里。自然蜂针疗法能够起到改善微循环、修复神经系统、传递生物能量等诸多作用。

武汉地处祖国的中心地带，荆楚文化底蕴深厚，神农氏、张仲景和李时珍都在此留下足迹，其中医文化受到历代大家影响，自然蜂针疗法

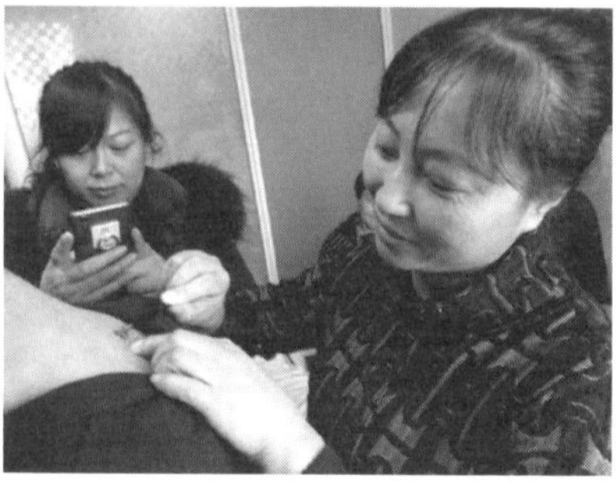

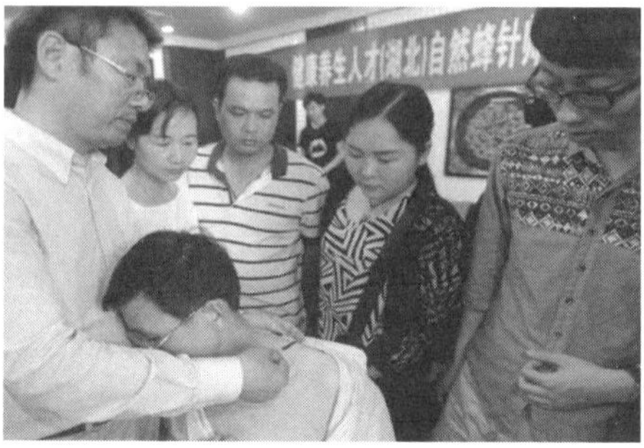

患者接受自然蜂针疗法

在前辈的不懈努力之下，不断传承，流传至今。

自然蜂针疗法属于中医大家庭里的一员，在诸多外治法中，由于效果独特，是中医文化中的一颗璀璨的明珠。在当今中医领域，自然蜂针疗法虽然小众，但是疗效受到很多人认可，具有重要价值。

2017 年 6 月，“自然蜂针疗法”被列入第四批武昌区级非物质文化遗产名录。

四十三、道医

级别：第四批武昌区级非物质文化遗产名录

类型：传统医药

道医始终以道为体，以医为用，讲究性命兼修，以行医济世作为传教的手段。道医吸收了道家“重人贵生”的教义与修为法，重视人和生命的价值，并将此种观念与教义注入人的主观能动性，最终实践于生活，将“道”与“医”融合在一起。《西升经》说，“我命在我，不属于天”，与一般宗教的神灵主宰论不同，道医立足于现实，关注人的健康与长生，故道医可将道的虚无与医的实用圆融一处。这些道医通常不只一种行医方式，因此在民间，对道医有着许多不同的叫法——如“丹医”“隐医”“走方医”“草泽医”等。

长春观

武昌长春观内长春堂全景图

长春堂道医为病人诊治

长春观首届道医研讨会

长春观道医馆开业仪式

目前在武汉，影响较大的有长春观道医。长春观道医是以丘处机的《摄生消息论》为基础，兼采南北道派之长，而形成自己独特风格和理论体系的一种流派，初发扬于全真教，后流传于汉口大道观、汉阳玄妙观、武昌长春观等地。长春观道医由于历经战火以及历史的变迁，如今，只保留在武昌长春观与大道观中，其中以长春观内的长春堂最为有名。

长春观道医凭借丰富的医学和道教理论知识，自其产生起就对当地的疾病救治、赈济救灾等方面作出诸多贡献。尤其是清朝同治以降，每逢水旱之灾，赈济灾民之时，善于岐黄之术者义务出诊，以本观所制的“十滴水”“救济水”为药剂，布施医药。现在长春观道医的影响越来越大，不仅专门开设医馆，还组织人员开展道医研讨会。

2017 年 6 月，“道医”入选第四批武昌区级非物质文化遗产名录。

四十四、李白与武汉的传说

级别：第四批武昌区级非物质文化遗产名录

类型：民间文学

李白形象图

李白（701—762），字太白，号青莲居士，原籍陇西成纪（今甘肃秦安），生于巴尔喀什湖以南的碎叶城，幼年随父迁居四川彰明县（今江油市），是盛唐时期著名的浪漫主义大诗人，一生著诗颇丰，内容广泛，因其诗歌豪迈俊逸、热情奔放，被尊称为“诗仙”，留下了《将进酒》《蜀道难》等脍炙人口的优秀文学作品。

李白一生好游历，足迹遍布中国各地，曾在武汉留下了许多歌咏歌颂友情、因景触情的经典作品和传说。有传言李白到访黄鹤楼的时候原本想赋诗一首，但因崔颢的《黄鹤楼》一诗而搁笔，谓“眼前有景道不得，崔颢题诗在上头”。后来，李白结识了孟浩然，孟浩然虽比李白年长十二岁，但对李白非常赞赏，两人很快成了朋友。李白在得知孟浩然要去广陵（今扬州）后，约孟浩然在江夏（今武汉市武昌区）相会，在黄鹤楼为他送行，作《黄鹤楼送孟浩然之广陵》，“故人西辞黄鹤楼，烟花三月下扬州。孤帆远影碧空尽，唯见长江天际流”，至今仍被我们吟诵。关于此诗的作年，目前有很大的争议，王琦认为作于开元二十八年（740 年）以前，黄锡珪认为作于开元二十五年（737 年），而詹锳师、郭沫若、安旗皆认为在开元十六年（728 年）。

唐肃宗乾元元年（758 年）五月，李白因曾参加永王东巡而被流放夜郎（今贵州桐梓），途经西塞驿（今武昌区东），至江夏，访李邕故居，在黄鹤楼上小息，诗兴大发，写下了《与史郎中钦听黄鹤楼上吹笛》一诗，“一为迁客去长沙，西望长安不见家。黄鹤楼中吹玉笛，江城五月落梅花”。这首诗对于武汉来说有很大的意义，我们现在所熟知的武汉的别名——江城，即出自此诗。可见，武汉与李白的故事颇多、渊源颇深。

李白与武汉的传说对研究李白部分诗歌的思想内容以及武汉当时当地的山川景物、气候植被具有重要价值。不仅如此，李白与武汉的传说具有一定的旅游文化价值，有助于推动武汉市旅游事业的发展。

2017 年 6 月，“李白与武汉的传说”被列入第四批武昌区级非物质文化遗产名录。

四十五、楚国编钟乐舞

级别：第四批武昌区级非物质文化遗产名录

类型：传统舞蹈

楚乐舞艺术是春秋战国之际楚民族在其历史发展过程中，以长江中游地区为腹地，混合中原华夏礼制文化和南方蛮夷巫风传统，形成的一种独具地方特色的艺术形式。

楚国幅员辽阔，民族众多，各民族乐舞千姿百态、交相辉映，使得楚国乐舞十分发达，不仅乐器种类众多，仅曾侯乙墓就出土了 9 种 125 件古乐器；而且舞蹈风格鲜明，“飘逸”与“轻柔”，极具自由浪漫的特征，这些都表现在女性舞者灵动的长袖与纤细的腰肢上。《楚辞》《汉赋》也皆以“美要眇兮宜修”“丰肉微骨”“小腰秀颈”“长袂拂面”“舒妙婧之纤腰”“抚修袖以翳面”等来形容舞女的美。

为了重现楚国当时编钟乐舞的景象，继承和发扬楚国优秀的传统历史文化，湖北省博物馆于 1983 年成立编钟古乐团，凭借传世文献的零星记载、实物钟与磬中有关乐理的文字记录以及彩绘乐舞图鸳鸯形漆盒的编钟演奏图示，最大程度还原了当时楚国编钟乐舞的风貌，并与中国唱片总公司用曾侯乙编钟原钟录制了专辑。编钟古乐团承担博物馆每日编钟乐舞的演出，应邀出访了美国、英国、法国、德国、日本等 10 多个国家以及中国台湾、中国香港地区。

曾侯乙墓出土的编钟

编钟乐舞表演

楚国编钟乐舞在某种程度上来说，是各民族文化交流碰撞的结果。它不仅是湘鄂豫皖四省的文化财富，也是整个中国的财富，它的被还原，对于弘扬优秀传统文化具有重要作用。

2017 年，“楚国编钟乐舞”被列入第四批武昌区级非物质文化遗产名录。

四十六、折纸

级别：第四批武昌区级非物质文化遗产名录

类型：传统美术

折纸，是一种以纸张折成各种不同形状的手工艺术活动，它历史悠久，具有宝贵的历史价值、文化价值和科学价值。

据考证，我国西汉时已经开始了纸的制作。蔡伦改良造纸术，造出了真正意义上的纸。由于早期的纸质量不高，而且产量也很低，显然不适合用于折叠。文献和出土文物并没有关于折纸的记载，所以折纸在中国起源于何时不可考。但折纸伴随着纸的发展一路走来，是广大劳动人民长期实践和智慧的结晶。

在武汉市武昌区，有一位折纸大师，他热衷于折纸艺术 16 年，折纸技术精湛、作品传神，他就是武昌区级非物质文化遗产项目“折纸”的传承人李星旺。70 多岁的李星旺，原是武汉一家内燃机配件厂的工人，从小就喜爱折纸。担任厂里技术员期间，经常出差，每次回家，他都会买回专业折纸书学习。为了达到更好的效果，李星旺经常到外地去买合适的纸张。1993 年下岗后，他有了大把时间玩折纸。李星旺最擅长折纸动物，上到天上的蝙蝠，下到地上的猛犸象、长颈鹿、恐龙，又或是水里游的鳄鱼，只要是能想到的元素，李星旺都能用折纸叠出来，是个名副其实的“纸艺达人”。

《鳄鱼》

各式各样的折纸作品

武汉军运会期间，李星旺在军运村教折纸

在经过长时间的摸索后，李星旺形成了一套独有的折纸技法，每一件作品都只需一张或大或小的纸，不用刀不用胶，完全靠手折叠完成。李星旺制作的折纸的特点是，在纸内夹一层锡箔，这样既可以增加纸的硬度，又使得制作完的作品可以站起来，更具有立体感，栩栩如生。

除了自己动手创作折纸作品外，李星旺多年来一直是一个专职的折纸技艺传播者。对于李星旺而言，折纸并不应该仅仅是一个小众群体的私房爱好，他更希望这项手艺能够推广出去，为更多的普通人所喜爱。李星旺总是在节假日人多的时候，提着自己的作品，到公园与书城免费教小朋友折纸。除此之外，李星旺还在武汉市的各个社区教授折纸，定期前往武汉市的各中小学上折纸艺术课。2004 年，他加入香港折纸协会，如今是香港折纸协会的副会长。通过香港折友会，他在中国香港、新加坡、越南等地举行过多次纸艺交流及宣传活动，受到当地单位及群众的一致好评。2017 年 6 月，“折纸”被列入第四批武昌区级非物质文化遗产名录。

四十七、布艺堆绣

级别：第四批武昌区级非物质文化遗产名录

类型：传统美术

布艺堆绣，即用布做的画，是我国古代流传的一种传统民间工艺，起源于荆楚大地，其色彩艳丽、生动活泼。

布艺堆绣有着悠久的历史，一千多年前的南北朝时期，荆楚一带就有了这种工艺的雏形。当时的风俗是逢年过节的时候，用五色的彩绸剪贴成花、鸟形，贴在屏风或戴在头上。这种风俗到了唐朝，得到了充分的发展，形成了一种独特的手工艺，有诗“新帖绣罗襦，双双金鹧鸪”，

《春回大地》

《菏趣》

市民观看布艺堆绣展

形容拼贴装饰衣裙的漂亮。唐朝的布艺堆绣手工制品在民间很盛行，但由于丝绫堆绣对材料要求严、成本高、工艺复杂、制作时间长，从事丝绫堆绣的人越来越少。布艺堆绣技术到了清朝有了进一步的发展和提高，乾隆的母亲就亲自带领嫔妃和宫女用这种丝绫堆绣工艺做出了很多花鸟、人物等多种布艺堆绣作品，色彩艳丽、层次分明、神态逼真、生动活泼。

冯晓明，湖北武汉人，是武昌区非物质文化遗产“布艺堆绣”的传承人。受家庭熏陶，冯晓明自幼喜爱女红，在工作时就制作各种传统工艺，特别是布艺的制作。怀揣着儿时梦想，她于 2006 年开始正式学习布艺堆绣技艺，拜上海宝山布艺堆绣“非遗”传承人周敏尔为师，进行专业、系统的学习，掌握了从作品设计构图到选材制作的整套布艺堆绣流程。冯晓明在得知布艺堆绣最初发源于荆楚大地后，毅然辞去在上海的教职工作，回到武汉，致力于湖北本土布艺堆绣的推广和研究工作。2014 年，她任湖北省老年大学布艺堆绣老师，后任武昌、江岸、汉阳等区的老年大学老师至今，是武汉布艺堆绣授课的第一人。目前，她已培养出数名带课老师和上千余学过布艺堆绣的学生。

布艺堆绣用各色的丝绸、彩缎、毛毡等材料，剪成所需要的各种形状，如人物、花卉、鸟兽等，按其颜色和顺序先后粘压，色彩从浓到淡依次粘堆，最后用彩线缠绕局部图案绣连而成。冯晓明的堆绣作品做工精美，立体感强，色彩丰富，她巧妙地将湖北文化融入作品中，有很高的文化价值。

冯晓明在创作中将传统的手工技艺和现代审美取向相结合，用不同的载体表现出来，做出来的布艺堆绣可以装点居室，也是馈赠亲友的好礼品。为推广布艺堆绣，冯晓明走社区，进学校，办画展，做公益。在展示布艺堆绣魅力的同时，借助展会等平台进行产品的售卖，帮助不少人脱贫，取得了良好的经济效益和社会效益。

2017 年 6 月，“布艺堆绣”被列入第四批武昌区级非物质文化遗产名录。

四十八、京剧脸谱

级别：第四批武昌区级非物质文化遗产名录

类型：传统美术

脸谱，指中国传统戏剧中，以绚丽的色彩在演员的脸部绘制的图案，是一种具有中国文化特色的特殊化妆方法。在所有戏剧脸谱中，京剧脸谱是艺术水平最高、最具有代表性的。随着脸谱艺术的发展，出现了工艺美术脸谱，即脸谱的创作者依据自己的想像，在用石膏等材料制作的模型上，绘制脸谱，或以刺绣、剪纸等方式完成脸谱的构形与着

各类脸谱

孙秋萍在制作京剧脸谱

孙秋萍工作室展览

色。民间艺人孙秋萍创作的京剧脸谱，被列入第四批武昌区级非物质文化遗产名录。

京剧是在北京形成的戏曲剧种之一，至今已有200余年的历史。它是在徽剧和汉剧的基础上，吸收了昆曲、秦腔等一些戏曲剧种的优点和特长逐渐演变而形成的。脸谱作为京剧艺术的重要内容之一，能够在舞台上起到褒贬善恶、展示人物性格、暗示人物命运的作用，其中的许多形象为人们所熟知。

武昌区级“非遗”项目“京剧脸谱”代表性传承人是孙秋萍。早年，孙秋萍在武汉科教仪器厂工作时，结识了民间镂空工艺美术家张威铭，并有幸拜他为师。在张威铭大师镂空艺术基础上，孙秋萍独辟蹊径，在系列京剧脸谱制作及绘制领域发挥自己的才华。她从事教学模型制作多年，掌握了教学模具制作过程中的基本技术，精通制模技术，为创作京剧工艺美术脸谱带来了便利。在创作中，孙秋萍既遵循京剧脸谱在长期发展过程中形成的约定俗成的谱式，又进行了改良和创新，增加了变形、双面体型样式的脸谱，制作了花旦脸谱，并创造性地用去痛片药丸作为花旦脸谱的发饰，将脸谱做成冰箱贴等。

孙秋萍在创作京剧脸谱时，引进了现代技术，这为京剧工艺美术脸谱的创作增加了新的元素。在脸谱模型材料的选用上，她利用自己的专业特长，经过反复的试验，放弃了不环保的树脂材料和易碎的建筑石膏，最终选用有较高硬度且表面细腻并参合了陶胶的石膏，这样既可以提高模型的韧度，也可以使模型看起来更加平整。在孙秋萍的手中，以参合陶胶的石膏作为京剧脸谱的材料，倒制脸谱模型，再经过修型、上漆、勾线、上色、装饰、修整、上光漆等十多道工序，创作出的脸谱模型精细，脸部轮郭线条清晰流畅、色彩鲜明，脸谱的摆设方式和衬景的搭配颜色做到了千变万化、绚丽多彩，体现了她的匠心。

四十九、童谣游戏

级别：第四批武昌区级非物质文化遗产名录

类型：传统体育、游艺与杂技

童谣游戏是指以儿童游戏歌谣为口头伴奏、由儿童群体自身主导的武汉民间儿童游戏，于 2017 年 6 月被列入第四批武昌区级非物质文化遗产名录。童谣游戏注重童谣在游戏中的应用，将童谣作为游戏的口头伴奏进而协调游戏动作、增添游戏情趣、丰富游戏内容并提升游戏内涵。童谣游戏同时强调儿童的自我教育，相较于由老师讲授的幼儿园、小学游戏课程更加注重自学，具有儿童群体主导性与发挥儿童潜在主观能动性的作用。

武汉民间儿童游戏歌谣源远流长，如游戏“办酒酒”早在先秦时期已有记载，《韩非子·外储说左上》有言：

> “夫婴儿相与戏也，以尘为饭，以涂为羹，以木为胾，然至日晚必归饷者，尘饭涂羹，可以戏而不可食也。”

上文所载游戏玩法与现代版“办酒酒”基本一致。而游戏“打哇哇”于明朝已有记载，童谣“张打铁”则源自明末。

现今，湖北省第十届屈原文艺奖获得者、“童谣游戏”的传承人彭翔华长期致力于对童谣游戏的研究探索，并积极宣传，曾在武汉图书馆

少年宫武汉儿童游戏与童谣赏析会

汉口华中里小学讲手指游戏“三个相公”

作《武汉民间儿童游戏》专题讲座，并现身武汉少年宫、汉口华中里小学为儿童亲自示范、讲解童谣游戏。

武汉民间儿童游戏和武汉儿童游戏歌谣具有浓郁的武汉地方色彩，是武汉传统文化的一个重要内容。童谣游戏用武汉话玩唱，保留了许多方言、民俗、典故、风情等，比如游戏、童谣“打麻城”“官打巡强”等，都极具武汉地方特色，值得深入挖掘、系统研究。

五十、民间戏法

级别：第四批武昌区级非物质文化遗产名录

类型：传统体育、游艺与杂技

“民间戏法”，又称“古彩戏法”“中国戏法”，是中国历史悠久的民间艺术、传统杂技之一，于 2017 年 6 月被列入第四批武昌区级非物质文化遗产名录。

民间戏法源远流长，早在隋唐时期至明清时期，上至宫廷宴会，下至民间，均有民间戏法表演。明末清初时期，武汉三镇多有戏法、魔术艺人在街头卖艺或于堂会表演。新中国成立前后，全国各地的杂技、魔术戏法演员来到汉口民众乐园献艺，其中著名魔术师凌幻天、沈春林、叶天聆等武汉杂技团的奠基人，他们的魔术戏法表演给武汉市民留下深

民间戏法：双套花箱

民间戏法：小屏风

刻的印象，如凌幻天的宝剑刺牌、沈春林的笼兔球以及叶天聆的针箍都是广受大众欢迎的民间戏法经典技艺。这些魔术师把民间戏法这门艺术从街头地摊带上大舞台，使民间戏法成为雅俗共赏的艺术。

目前，武汉地区的杂技魔术从业人员、民间戏法的表演者所见不多，武昌区的民间戏法魔术演员周增雄先生是其中一位较为突出的艺人，他一直坚守民间戏法这一中华优秀传统艺术，并长年在武汉及湖北其他地市表演及传授技艺。“民间戏法”作为武昌区重要的非物质文化遗产，具有独特的艺术价值，对其继承与宣扬有利于展现中华民族艺术特色、弘扬中华民族优秀传统文化。

五十一、岳飞在武昌的故事传说

级别：第五批武昌区级非物质文化遗产名录

类型：民间文学

遥望中原，荒烟外，许多城郭；想当年，花遮柳护，凤楼龙阁。万岁山前珠翠绕，蓬壶殿里笙歌作。到而今，铁骑满郊畿，风尘恶。兵安在？膏锋锷；民安在？填沟壑。叹江山如故，千村寥落。何日请缨提锐旅？一鞭直指清河洛。却归来、再续汉阳游，骑黄鹤。

——《满江红·登黄鹤楼有感》

此为抗金英雄岳飞于南宋绍兴四年（公元 1134 年）驻军鄂州（今武昌）之时，登武昌黄鹤楼之上，遥望金人统治下的北方，念故土同胞饱受摧残之苦，悲壮提笔而成。

北宋末年，北方女真族政权金国向中原地区大规模侵略，致使北宋灭亡。岳飞作为新建南宋政权的爱国将领，积极投入抗金的行列。南宋绍兴四年，岳飞受命收复湖北、河南六郡，带领岳家军先攻取郢州（钟祥），后连克襄阳府、随州、邓州、唐州、信阳，班师武昌。后岳飞节度荆襄，驻军鄂州。据华中师范大学张全明教授指出，公元 1134 年至公元 1140 年的 7 年间，岳飞共进行四次北伐。从首次北伐收复襄汉失

忠孝门老照片

地取得大胜，直至最后一次北伐受诏撤军期间，岳家军一直驻军鄂州。

岳飞在武昌的故事传说从诗歌、民俗等多个维度记录和讲述历史英雄人物岳飞。据张全明教授对武汉岳飞文化遗迹的研究可知，武昌的粮道街马蹄营是岳飞北伐期间岳家军马队主要的驻扎地，而武昌的“忠孝门”之名亦与岳飞扶灵送母的故事息息相关。据史书记载，武昌的忠孝门在宋、明时期为武昌城门之一，原名“小东门”。岳飞在鄂期间，其母姚氏病故于武昌，岳飞从小东门出城，赤足扶灵送母至庐山安葬。

岳飞亭

武昌黄鹤楼公园岳飞塑像（张孟清摄）

明代重修武昌城时，为纪念岳飞为母守孝之举，将小东门改名为“忠孝门”。

现今，武昌仍留存诸多岳飞文化遗迹，如岳飞街、岳飞帅府、岳飞庙、岳飞亭、岳飞铜像、岳飞功德牌坊等等，岳飞在武昌的故事传说亦可从这些地名与遗迹中得以窥见。

2020 年 6 月，“岳飞在武昌的故事传说”被列入第五批武昌区级非物质文化遗产名录。

五十二、民众乐园故事传说

级别：第五批武昌区级非物质文化遗产名录

类型：民间文学

民众乐园故事传说是以武汉民众乐园为载体，集历史文化、城市发展、社会风情、戏曲艺术、民间故事等为一体的新兴都市型故事传说，时间界定为从1917年武汉民众乐园筹建开始直至现在。

武汉民众乐园

彭翔华著作:《武汉民众乐园故事》

作为民众乐园故事传说重要载体的武汉民众乐园，位于武汉市汉口中山大道贤乐巷口，于 1917 年由汉口知名人士刘有才等筹建，1919 年 5 月 29 日正式营业。武汉民众乐园是武汉开业时间较早、经营历史最长，与上海大世界齐名的以戏剧表演为主体的大众性、综合性文化游乐中心，曾名“血花世界”“汉口新市场”“民众乐园”“中央人民俱乐部”等，现名“凯德民众乐园”。

正是由于民众乐园作为大众娱乐窗口为楚剧、汉剧、京剧、武汉话剧、豫剧、越剧、黄梅戏、花鼓戏等戏剧艺术的振兴与腾飞提供舞台，武汉现代杂技魔术、本土曲艺、木偶、皮影、电影等诸多文化娱乐活动在此蓬勃发展，因此与民众乐园息息相关的故事传说得以衍生，其数量较多，内容广泛，涉及社会、历史、戏剧、文化、民俗等各个方面，如刘有财筹建新市场、抗战时期民众乐园成为战时文艺宣传大众堡垒、活跃于民众乐园的戏剧剧种流变与演艺等等。

湖北省第十届屈原文艺奖获得者、“民众乐园故事传说”的传承人彭翔华长期致力于对民众乐园的研究探索，现已出版专著《武汉民众乐园故事》，发表相关研究论文 20 余篇。彭翔华同时积极宣传民众乐园故事传说，曾在武汉图书馆“社科讲坛”开展专题讲座《话说民众乐园》；并接受长江商报的专题采访，从不同角度详细介绍了昔日民众乐园的辉煌成就和巨大影响，后以《名园往事》为题刊登于《长江商报》。

武汉民众乐园故事传说影响深远，具有独特的城市文化内涵和较高的社会历史价值，极具传承意义。2020 年 6 月，“民众乐园故事传说”被列入第五批武昌区级非物质文化遗产名录。

五十三、古典诗词吟诵（湖湘派）

级别：第五批武昌区级非物质文化遗产名录

类型：传统音乐

古典诗词吟诵是以汉语古四声的声调，将汉语语言固有的音乐性加以夸张与艺术化，形成在一定时间段的音响线条，用美的旋律和节奏揭示诗词思想情感内涵的一种方式，分为吟、诵、唱三个阶段。古典诗词吟诵实际上是诗词音乐的进一步延展，便于凸显情感，具有较强的表演性。湖湘派的古典诗词吟诵则以长沙话、武汉话吟诵、吟唱为主要特

全国首届“古诗词歌曲研讨会”合影

劳再鸣教授已出版的书籍

2018 年，劳再鸣教授为武汉音乐学院附中和附小学生授课

点，通过发音的长短、强弱以及情感重音恰到好处地表现古典诗词的音乐美。2020 年 6 月，“古典诗词吟诵（湖湘派）”被列入第五批武昌区级非物质文化遗产名录。

“古典诗词吟诵（湖湘派）”的项目申请人、中南财经政法大学新闻传媒学院艺术教研室原主任劳再鸣教授，现为中华吟诵学会专家组成员、香兰古典诗词吟唱社社长，他从 1984 年开始投身古典诗词吟诵实践与理论研究，已出版《古典诗词吟唱曲谱》《古诗的吟唱》《纪念抗日战争胜利六十周年：涉江诗词曲谱选》等相关著作，并热衷于宣传古典诗词吟诵，常为喜爱古典诗词吟诵的学生们授课。

“古典诗词既要继承又要发展。”劳再鸣教授说，“我们要继承老一辈人吟诵时不离语言本身的特点，抑扬顿挫，有松有紧；又要利用现代的表现方法将古典诗词加以美的创造来将古典诗词发扬光大。”

五十四、布袋木偶戏

级别：第五批武昌区级非物质文化遗产名录

类型：传统戏剧

“布袋木偶戏”又称“指头木偶”“手托傀儡”“掌上木偶”，是一门集多种民间艺术为一身的民间小戏，主要由木偶雕刻、舞台布置、音乐与表演构成。布袋木偶头部用木头、泥、纸等材料雕刻而成，身躯和四肢做成布袋，在布袋外加戏装，因戏偶偶身极像“用布料所做的袋子”，而有布袋戏之通称。

布袋木偶戏演出时，演员将手掌伸入布袋，以食指支撑头部，拇指和中指充作两臂，靠手指拨动完成表演动作。在布袋木偶戏艺术的表演活动进程中，音乐素材贯穿布袋戏演出始终，其乐器伴奏、唱腔音乐等均以自身的形态特点存在于布袋木偶戏的艺术形态之中。

布偶木袋戏历史悠久，业内一般认为宋代已有布袋木偶戏的存在，叶明生所著《福建傀儡戏史论》引南宋刘克庄所作的《己未元日》：

久向优场脱戏衫，亦无布袋杖头担。
化弥勒身千百亿，问绛人年七十三。
诸老萧疏留后殿，高僧灭度少同参。
未应春事全无分，醉折缃桃蒲帽簪。

《克雷洛夫寓言木偶戏》木偶造型设计

民间故事《贱三爷》布袋木偶

其中已提及布袋木偶戏，这表明南宋时期布袋木偶戏已经存在。至清中叶，布袋木偶戏流入武汉并在此生根发芽、成长壮大。

2020 年 6 月，“布袋木偶戏”被列入第五批武昌区级非物质文化遗产名录。“布袋木偶戏”传承人张威铭原为武汉市木偶剧团职工，主要负责木偶的造型与制作。张威铭创作了大量生动、鲜活的人物形象，为木偶戏在武汉发扬光大作出了卓越的贡献。

五十五、武汉瓶内画

级别：第五批武昌区级非物质文化遗产名录

类型：传统美术

“武汉瓶内画”，俗称“鼻烟壶内画”，是一门小口径瓶内画技艺，绘画者在几毫米口径的玻璃瓶内描绘山水、创作油画。武汉瓶内画是融汇中西文化的传统民间艺术、集中华民族精华的袖珍艺术品。瓶内画的历史最早可追溯到清朝咸丰年间，首创于北京，经常有人以“内有乾坤”

梅建新创作的瓶内画《三居图》

梅建新创作的瓶内画《笑逐颜开图》

来形容。

武汉瓶内画由童建国首创，他在几毫米口径的玻璃瓶内描绘山水、创作油画。由于玻璃瓶口太小，市面上难以找到合适的笔，于是童建国自己用粗细不一的铜丝、铁丝进行加工，再根据瓶子的形状弯成各种角度进行绘画。绘画者手握细铜丝、铁丝在十分光滑的玻璃壁上作画，稍有不慎便前功尽弃，其难度可想而知，因此小口径瓶内画亦成为武汉民间工一“绝”。童建国自幼喜爱绘画,1985 年开始瓶内画创作。1992 年，童建国在 1.25 毫米口径的风油精瓶内所作《黄山壮景》于首届全国吉尼斯擂台赛获奖。2003 年，他投入精力创作《长江三峡四季图》，花费整整半年时间在 88 个酒瓶组成的 8 米“画卷”中将壮丽的三峡风光永远地留在瓶内。

2020 年，“武汉瓶内画”被列入第五批武昌区级非物质文化遗产名录，其传承人为童建国的徒弟梅建新。

五十六、楚陶制作技艺

级别：第五批武昌区级非物质文化遗产名录

类型：传统技艺

在湖北境内，屈家岭文化时期已经开始制陶。从出土的陶纺轮来看，当时灰黑陶的拉坯、修坯技艺高超，已经有了陶车。往下延伸至天门石家河文化，出土了很多有代表性的陶塑动物、人物。在黄陂盘龙城早期遗址中，除青铜器外，出土最多的就是印纹白陶和原始瓷。所谓“原始瓷”，是指烧制温度到了瓷的温度，但胎土仍是陶。到了宋代，武汉市江夏区湖泗窑的影青陶瓷烧制水平非常高，在中国陶瓷史上占有重要地位。明清时期，马口窑较为出名，马口陶胎土粗，厚重有力，气魄较大，造型上使用手工拉坯和化妆土，技法有刻花、剔花、划花、水花等。

然而随着社会的发展、市场的冲击，现代化的大机器生产让传统的手工楚陶逐渐衰落，传统制陶技艺后继乏人，昔日热闹的场景也已不再。但与此同时，以汪健、周孝理为代表的青年人为复兴楚陶文化，带领楚陶生产厂进一步向现代化转型。

周孝理，毕业于湖北大学，他和几个创业伙伴确定了以工艺产品为主题的创业项目。在调查了湖北传统手工业的现状后，他们发现马口窑处于濒危状态，于是义无反顾地来到这里。2015 年，在湖北大学和汉

楚陶花鸟黄釉坛

汉川楚陶工艺陶瓷厂（2018 年）

楚陶手艺人正在为作品上釉

川当地文化部门的支持下，周孝理和一群年轻的创业伙伴，注册公司，租用汉川县国营陶瓷厂旧址，成立了汉川楚陶工艺陶瓷厂。

周孝理在继承马口窑本身特色的基础上对釉料和花纹进行了适当创新，通过融合楚地文化与现代审美需求去挖掘新时代下的文化价值。同时，陶瓷厂开辟了新的经营模式：一是由制作传统的粗陶生活制品转向制作具备现代元素的精美工艺陶；二是开展体验模式，让楚陶走进校园、社区；三是拓展渠道商，向餐厅、茶馆提供陶瓷制品和多层次的陶瓷服务。目前形成了“楚陶工坊、楚陶文化基地、楚陶传承中心、楚陶展示门店”四位一体的传承格局，生产的楚陶产品有茶器、食器、酒器、花器及家具摆件等。该陶瓷厂制作的楚陶产品造型独特，装饰纹样为现实生活中的自然环境要素、人物和诗文题材，深受广大顾客的喜爱。

2020 年 6 月，“楚陶制作技艺”被列入第五批武昌区级非物质文化遗产名录，代表性传承人为周孝理。

五十七、传统锔瓷（鲁班门派）

级别：第五批武昌区级非物质文化遗产名录

类型：传统技艺

“锔瓷”，民间又称“锔活儿”，即瓷器修补技术。传统锔瓷是利用木工制作家具和造船的技术结合铁匠的铁制锔钉工艺，使用锔合技艺修复残损陶瓷器，使其能够继续使用，同时在修复的过程中不使用任何粘接剂材料，完全依靠锔钉的锔合力，将残损陶瓷器修复到滴水不漏的效果。如今，“传统锔瓷（鲁班门派）”已被列入第五批武昌区级非物质文化遗产名录。

瓷器坚硬耐磨，更可持久使用，可瓷器的致命弱点是易碎，每当一件瓷器破碎后，留着无用，弃之可惜，匠人们便开始琢磨如何将破碎的瓷器修补好。经过了艰苦的摸索实践，匠人们在实践中总结出一套合理的锔瓷技艺，其中最大的贡献就是发明了独一无二的“金刚钻”和“锔钉”，继而产生了锔补修复瓷器这一行当。李时珍《本草纲目》中，对锔瓷的核心工具——金刚钻做了明确记述，“其砂可以钻玉补瓷，故谓之钻”。到了清朝，锔瓷技艺开始逐渐讲究因势因形，在修补过程中融入锔瓷匠人的审美情趣，赋予了瓷器另一层艺术价值。民国时期，锔瓷技艺在我国许多地区都有分布，但新中国成立后，伴随着中国工业化的发展和人民生活水平的提高，锔瓷技艺日渐式微，逐渐淡出人们视野。

锔钉修复的纯手绘青花釉里红品茗杯

锔钉修复的朱泥紫砂壶

锔钉修复加配黄铜壶盖的清代茶壶

吴峰是“传统锔瓷（鲁班门派）”的代表性传承人，他1996年进入武钢，在工作之余会做一些手工艺制品。吴峰在传承传统锔瓷手艺的同时，会在修复器物时进行二次创作，在原有理念基础上进行二次发挥，使得修复后的瓷器独具特色。他师承山东锔合居的杨涛老师，目前已经从事锔瓷行业20余年。山东锔合居门派出自鲁班门细木作锔瓷，与国内大多数的红炉锔匠不同。锔瓷修复首先就是观察损伤情况，进行评判，再检查有没有什么暗伤。第二步是找碴对缝、清洗缺口，避免后期修复时器物之间合不上。清理完之后就是“捧瓷”，即将残损的器物捧在一起，用绳索拧紧。拧好后需要在器物上面标注上锔钉的位置，最常见的就是整整齐齐像拉链一样的锔钉。第三步是用金刚钻打孔。第四步是把制作好的锔钉按照钉位锔上去，在所有的锔钉上完之后就可以将之前所系的绳索拆下来。最后一步是倒入热水检测是否漏水，不漏水即为修补完成。

五十八、锻泥雕漆

级别：第五批武昌区级非物质文化遗产名录

类型：传统技艺

锻泥雕漆是传统大漆艺人在生产劳动中创造出的一种实用技术。该技艺利用上漆的厚薄不匀，使画面产生富于变化的明暗调子，再经过时间的沉淀，漆器才能够最终成形。这是一种“时间的艺术”，锻泥要千锤百炼，雕塑成形要一刀一刻，雕刻时需要漆有一定的厚度，而在涂漆

收藏证书

时每涂一层，都需要晾干后才能继续涂第二层。就这样一层一层地涂下去，直到厚度足够为止。目前，“锻泥雕漆”已被列入第五批武昌区级非物质文化遗产名录。

中国是世界上最早认识漆和使用漆的国家，考古发现证实，我国在距今 7000 年前就开始使用漆器。“楚漆器”是中国漆器艺术发展的第一个高峰。

“楚漆器”指的是春秋战国时期在现今湖北、湖南、河南、安徽四省出土的带有楚文化特点的漆器。楚国在其发展过程中，不断吸收和消化了来自北方中原文化圈、东南部淮水流域文化圈和长江下游地区吴越文化圈以及西南部巴蜀文化圈中的一些艺术因素。追求动感、打破对称均漆器是楚文化一个鲜明的符号，楚人对漆木器的热爱可谓情有独钟，几乎涵盖生活中的方方面面。

在今天，作为楚人后代的湖北人也依旧在用漆塑造物件。梅祥鸿

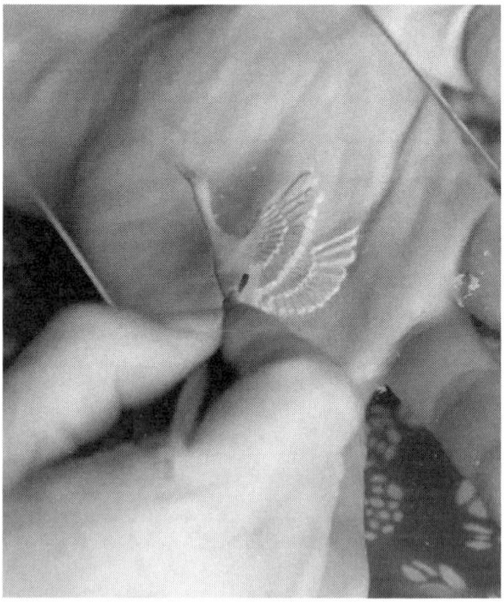

梅祥鸿雕琢丹顶鹤

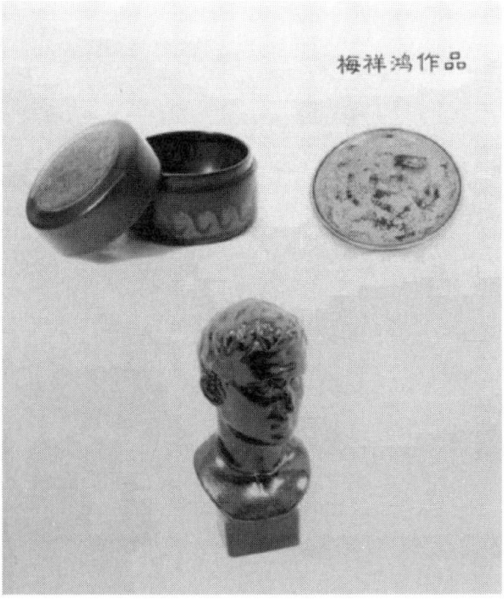

梅祥鸿作品

今年58岁，是“锻泥雕漆”这一非物质文化遗产的代表性传承人。清朝时期，其祖上在黄土坡过街楼（现起义门处）和旗人合资开设启原堂制作锻泥雕漆生活用品及景泰蓝工艺品，为达官贵人打制日常生活用品和小件器具。梅祥鸿从小在父亲梅永汉的教导下制作锻泥雕漆小件工艺品。1995年，梅祥鸿成立武汉精灵工艺厂，专门从事锻泥雕泥工艺礼品制作。2004年，他在东莞和香港企业合作共同开发了大漆产品。2005年10月，成立武汉五千年雕塑景观艺术工程有限公司，建立了教学培训中心，10年以来培训了200多人。在几十年的时间里，梅祥鸿一直都在坚守继承传统锻泥雕漆的家传工艺，现为百遗工坊负责人，多件作品被中南民族大学艺术馆收藏。

梅祥鸿的锻泥雕漆作品，在制作中运用了生漆髹饰和泥塑雕刻工艺，并融入了传统手工绘画和掐丝珐琅技法及螺钿镶嵌技术，可谓是多种中国传统工艺的集成品。

五十九、汉上生炸圆子传统技艺

级别：第五批武昌区级非物质文化遗产名录

类型：传统技艺

汉上生炸圆子属楚菜范畴，源头可追溯至明清时期的“黄陂三鲜”。汉上生炸圆子以其独特的风味，在武汉及湖北其他地区有广泛的适应性和深厚的群众基础。目前，“汉上生炸圆子传统技艺”被列入第五批武昌区级非物质文化遗产名录。

“黄陂三鲜”也称“黄陂三合”，由鱼圆、肉圆和肉糕组成，制作工艺繁杂。这三样菜合烧杂烩，肉有鱼香，鱼有肉味，色香味美。明崇

炸圆子材料

油锅里的圆子

炸好的圆子

祯年间，李自成率领起义军攻取了黄陂城，捉了县官。当地百姓拿出过节才用的鱼丸、肉圆、肉糕招待起义军，并将其合烧，一菜三鲜，味道极美，受到义军喜爱。此后“黄陂三合”盛名远扬。

汉上生炸圆子由“黄陂三鲜”发展而来，圆子利用精选的猪肉、鱼肉等原材料，全程纯手工制作。在炸圆子的过程中十分讲究火候，需要过两次油，是一种极为精细的传统制作技艺。

“汉上生炸圆子传统技艺”的代表性传承人梅水平，常年制作生炸圆子，其产品受到顾客的青睐，目前准备在扬子江食品工业园内建立“汉上生炸圆子文化展示馆”作为传承基地。

六十、楚凤汉绣

级别：第五批武昌区级非物质文化遗产名录

类型：传统技艺

楚人的先祖祝融，是帝喾的火正，因为其从事的职业，其后代形成了拜日崇火的原始信仰。凤是红色的，被认为是火鸟，楚人便将凤作为自己远古祖先的化身，凤因此备受楚人推崇，成为楚人的图腾。所以，凤的形象频繁地出现在各种器具上，如龙凤虎纹绣、彩绘木雕座屏、虎座凤鸟鼓、人物龙凤图等上面。

陈慧及其作品《贵妃醉酒》

陈慧向福建援鄂医疗队赠送绣品

楚风汉绣，即楚地刺绣工艺者，以楚文化相关的作品绣制、技艺教学、文化传播作为实践方式，以绣花针为主要工具，以真丝、棉等为主要原材料，利用绣架绣绷，使用楚风汉绣绣制工艺，而制作的绣制品。

目前，许多楚风汉绣的技艺传承人活跃在不同的地方。陈慧，现为湖北汉绣协会会长，精通汉绣技艺。2017 年 1 月，陈慧携其作品《贵妃醉酒》参加武汉好手艺评选活动；2020 年 3 月，陈慧又在武昌区向福建援鄂医疗队赠送绣品。多年来，陈慧作为“楚风汉绣”“非遗”项目的申请人，积极参与项目相关的文化推广及发展工作。

2020 年 6 月，“楚风汉绣”被列入第五批武昌区级非物质文化遗产名录，代表性传承人为陈慧。

六十一、文昌刺绣

级别：第五批武昌区级非物质文化遗产名录

类型：传统技艺

绣是用针线将提前设计好的花纹样式作用在织物或织布上的过程，因为针要穿过、刺透织物，所以这个过程又被称为“刺绣”。我国刺绣的历史非常悠久，目前传世最早的刺绣，为湖南长沙战国时期楚墓中出土的两件绣品。

汉绣历史悠久，种类丰富，风格各异，不仅有上篇所说的楚凤汉绣，还有文昌刺绣。文昌刺绣是结合襄阳枣阳刺绣与武昌地区刺绣特色，以真丝缎面料为主要材料，运用不同针法、不同规格粗细的各色绣

枣阳汉城景区推广文昌刺绣

顾客拍摄文昌刺绣照片

彭金芝为学生讲解文昌刺绣

线在织物上绣制各种装饰图案的工艺品。目前，文昌刺绣主要分布于昙华林和红巷艺术城。

由于分布范围比较小，很多人对这项技艺不太了解。为了推广文昌刺绣，相关技艺人开展了多项工作。彭金芝，湖北芝善美营销策划有限公司、武昌红巷艺术城金芝绣品阁的负责人，文昌刺绣技艺的代表人物，继承家传刺绣技艺，技艺精湛，引得多人前往她的绣品阁购买产品。她也积极地参与文昌刺绣的宣传、推广工作。2019 年，她曾在红巷艺术城为上海东华大学服装设计专业的学生们讲解及推广湖北文昌刺绣的历史渊源，针法与苏绣的区别。

2017 年，“文昌刺绣”被列入第五批武昌区级非物质文化遗产名录，代表性传承人为彭金芝。随着“文昌刺绣”被纳入“非遗”名录，相信会有越来越多的人了解这项技艺，越来越多的人选择从事这一行业！

六十二、左岭胡氏装裱及修复技艺

级别：第五批武昌区级非物质文化遗产名录

类型：传统技艺

装裱发端于汉末魏晋南北朝时期，成熟于唐宋，繁盛于明清。宋以后，这一项技艺逐步走向民间，形成不同的特色，出现了苏、扬、京、沪、赣、岭南等不同流派。

左岭胡氏装裱及修复技艺产生于清末，开创人是胡宗海。他以苏裱为基础，博采其他派之长，并结合湖北地域特点、人文环境和湖北人的审美取向，创立了“左岭胡氏装裱”一派，目前主要流传于武汉市，为挽救一些书画作品作出了重要贡献。

挽救刘心源书法残作

胡来胜通过“挖、移、补”修缮书画

东湖宾馆梅岭 2 号红梅厅装裱的画作

书画装裱修复技艺的主要工序大致可分为“揭、洗、补、全、覆、装”六大部分，具体的则可分为许多小工序：前期准备、旧裱处理、固色、清洗去污、揭旧、补缺、托芯、全色、贴条、上墙、打蜡、研光、装裱上轴等。而其中关键性步骤，如固色、清洗去污、揭旧、补缺、全色、贴条等，都需要依靠修复师的经验来进行判断，具体表现在清洗的次数以及水的温度把控、污斑去除材料的使用、用来固定颜色和防止颜色晕散的胶矾水浓度配比以及修补和补配材料的选择等方面。

2020 年 6 月，“左岭胡氏装裱及修复技艺”被列入第五批武昌区级非物质文化遗产名录，代表性传承人为胡来胜。胡来胜，师从其伯父胡献文和堂兄胡长青，现为湖北省美术院的专业裱画师，专攻书画修复，是胡氏一派的中坚。许多地方，如武汉东湖宾馆梅岭 2 号均有其装裱的作品。

六十三、王泰和传统黑膏药

级别：第五批武昌区级非物质文化遗产名录

类型：传统医药

膏药疗法是中医的独特疗法，历史悠久，《黄帝内经》《神农本草经》《难经》《伤寒杂病论》《外科正宗》《本草纲目》等古典医书中都有相关记载。

王氏家族传承至今已有十八代传承人，其先祖骑白马行医济世，经过百余年的行医积累，不断进行中药研制，传下 42 种膏药古方，治愈

中间老者为第十七代传承人王泰和

王泰和膏药现代化生产流水线

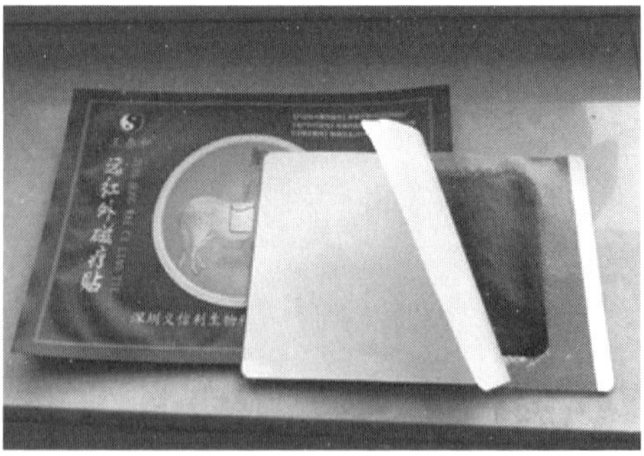

“王泰和”传统黑药膏

患者无数。

谭红梅，王氏家族第十八代传人，面对即将失传的传统黑膏药配方和生产工艺，挖掘整理家传膏药及贴疗方法，并向中医专业人士咨询求证，反复试验，不断提高改进，于 2016 年成立集膏药研发、生产、销售、服务为一体的深圳市义信利生物科技有限公司，将王泰和家族传统膏药与现代工艺制作结合。从家庭作坊式生产到现代化流水线生产，谭红梅力争达成标准化、精细化、产业化的发展目标。目前，谭红梅已在全国十多个省市，建有“王泰和”中医养生馆 80 余家。

王泰和传统黑膏药运用现代萃取工艺（透皮技术），利用远红外陶瓷粉达到改善微循环，增强肌体细胞活力的作用，对膝关节炎、滑膜炎、肘关节炎、强直性脊柱炎、颈椎椎管狭窄、颈椎骨刺、脊椎痛、肩周炎、肩部疼痛、腰椎突出、腰椎管狭窄、腱鞘炎、足跟痛、跟腱炎、痛经、跌打损伤、风湿骨痛引起的功能性障碍和软组织损伤引起的肿胀、麻木、疼痛等有良好的辅助效果。

2017 年，“王泰和传统黑膏药”被列入第五批武昌区级非物质文化遗产名录，代表性传承人为谭红梅（弘羽）。

武昌区非物质文化遗产一览表

序号	项目名称	级别	类型
1	马应龙眼药制作技艺	第二批国家级非物质文化遗产扩展项目名录	传统医学
2	黄鹤楼的传说	第三批国家级非物质文化遗产名录	民间文学
3	“孟宗哭竹生笋”故事	第一批省级非物质文化遗产扩展项目名录	民间文学
4	武当纯阳拳	第二批省级非物质文化遗产名录	传统体育、游艺与杂技
5	曹祥泰京果制作技艺	第四批省级非物质文化遗产名录	传统技艺
6	扬子江传统糕点制作技艺	第四批省级非物质文化遗产扩展项目名录	传统技艺
7	古琴艺术（泛川派）	第五批省级非物质文化遗产名录	传统音乐
8	武汉童谣	第六批省级非物质文化遗产名录	民间文学
9	“惟楚有材”传说	第一批市级非物质文化遗产名录	民间文学
10	人物透雕工艺	第一批市级非物质文化遗产名录	传统美术
11	篾扎风筝工艺	第一批市级非物质文化遗产名录	传统技艺
12	武汉“过早”	第一批市级非物质文化遗产名录	传统技艺
13	蔡林记热干面制作技艺	第一批市级非物质文化遗产名录	传统技艺
14	武汉面窝制作技艺	第一批市级非物质文化遗产名录	传统技艺
15	武昌鱼制作技艺	第四批市级非物质文化遗产名录	传统技艺

续表

序号	项目名称	级别	类型
16	洪山菜薹传说	第五批市级非物质文化遗产名录	民间文学
17	道教手印	第五批市级非物质文化遗产名录	传统舞蹈
18	石雕（绿松石）	第五批市级非物质文化遗产名录	传统美术
19	汉派木雕	第五批市级非物质文化遗产名录	传统美术
20	错格全对称鲁班锁	第五批市级非物质文化遗产名录	传统技艺
21	武汉渡江习俗	第五批市级非物质文化遗产名录	民俗
22	武汉道教音乐（全真派宫观音乐）	第六批市级非物质文化遗产名录	传统音乐
23	武当纯阳剑	第六批市级非物质文化遗产名录	传统体育、游艺与杂技
24	双钩书法	第六批市级非物质文化遗产名录	传统美术
25	楚式古乐器制作技艺	第六批市级非物质文化遗产名录	传统技艺
26	武汉老谦记传统豆丝制作技艺	第六批市级非物质文化遗产名录	传统技艺
27	迎“馆星”	第一批区级非物质文化遗产名录	民俗
28	冲菩萨	第一批区级非物质文化遗产名录	民俗
29	武昌起义故事	第二批区级非物质文化遗产名录	民间文学
30	付氏皮匠传统制作技艺	第二批区级非物质文化遗产名录	传统技艺
31	荆楚变脸	第二批区级非物质文化遗产名录	传统体育、游艺与杂技

续表

序号	项目名称	级别	类型
32	张之洞的传说	第三批区级非物质文化遗产名录	民间文学
33	武汉雕花剪纸	第三批区级非物质文化遗产名录	传统美术
34	古沙湖的传说	第三批区级非物质文化遗产名录	民间文学
35	紫阳湖的传说	第三批区级非物质文化遗产名录	民间文学
36	武当纯阳功	第三批区级非物质文化遗产名录	传统体育、游艺与杂技
37	马应龙的故事	第三批区级非物质文化遗产名录	民间文学
38	放鹰台的传说	第四批区级非物质文化遗产名录	民间文学
39	宝通寺素食	第四批区级非物质文化遗产名录	民俗
40	长春观素食	第四批区级非物质文化遗产名录	民俗
41	陈保和堂中医疗法	第四批区级非物质文化遗产名录	传统医药
42	自然蜂针疗法	第四批区级非物质文化遗产名录	传统医药
43	道医	第四批区级非物质文化遗产名录	传统医药
44	李白与武汉的传说	第四批区级非物质文化遗产名录	民间文学
45	楚国编钟乐舞	第四批区级非物质文化遗产名录	传统舞蹈
46	折纸	第四批区级非物质文化遗产名录	传统美术
47	布艺堆绣	第四批区级非物质文化遗产名录	传统美术
48	京剧脸谱	第四批区级非物质文化遗产名录	传统美术

续表

序号	项目名称	级别	类型
49	童谣游戏	第四批区级非物质文化遗产名录	传统体育、游艺与杂技
50	民间戏法	第四批区级非物质文化遗产名录	传统体育、游艺与杂技
51	岳飞在武昌的故事传说	第五批区级非物质文化遗产名录	民间文学
52	民众乐园故事传说	第五批区级非物质文化遗产名录	民间文学
53	古典诗词吟诵（湖湘派）	第五批区级非物质文化遗产名录	传统音乐
54	布袋木偶戏	第五批区级非物质文化遗产名录	传统戏剧
55	武汉瓶内画	第五批区级非物质文化遗产名录	传统美术
56	楚陶制作技艺	第五批区级非物质文化遗产名录	传统技艺
57	传统锔瓷（鲁班门派）	第五批区级非物质文化遗产名录	传统技艺
58	锻泥雕漆	第五批区级非物质文化遗产名录	传统技艺
59	汉上生炸圆子传统技艺	第五批区级非物质文化遗产名录	传统技艺
60	楚凤汉绣	第五批区级非物质文化遗产名录	传统技艺
61	文昌刺绣	第五批区级非物质文化遗产名录	传统技艺
62	左岭胡氏装裱及修复技艺	第五批区级非物质文化遗产名录	传统技艺
63	王泰和传统黑膏药	第五批区级非物质文化遗产名录	传统医药

注：本表统计截止日期为2019年9月6日。

部分专家学者研究成果的基础上，由王洪强统稿，华中师范大学历史文化学院十余位师生参与了本书编写。具体分工情况为：(1) 张瑞编写“黄鹤楼传说”“‘孟宗哭竹生笋’故事”“武汉童谣”“童谣游戏”“民间戏法”“岳飞在武昌的故事传说”“民众乐园故事传说”“古典诗词吟诵（湖湘派）”“布袋木偶戏”“武汉瓶内画”；(2) 韩怡晨编写“马应龙眼药制作技艺”“人物透雕工艺”“武汉渡江习俗”“折纸”“布艺堆绣”“京剧脸谱”“楚陶制作技艺”“传统锔瓷（鲁班门派）”“锻泥雕漆”“汉上生炸圆子传统技艺”；(3) 赖敬祎编写“武当纯阳拳”；(4) 郭颖颀编写“曹祥泰京果制作技艺”“石雕（绿松石）”；(5) 刘蕊祯编写“古琴艺术（泛川派）”“扬子江传统糕点制作技艺”“武汉道教音乐（全真派宫观音乐）”“楚式古乐器制作技艺”；(6) 冯峰编写“‘惟楚有材’传说”“道教手印”；(7) 黄晓芸编写“篾扎风筝工艺”“武当纯阳剑”；(8) 周子羽编写“武汉‘过早’”“汉派木雕”；(9) 黄嘉民编写“蔡林记热干面制作技艺”“武汉面窝制作技艺”；(10) 臧慧娟编写“武昌鱼制作技艺”“洪山菜薹传说”；(11) 聂朝澍编写“错格全对称鲁班锁”；(12) 陈杰灵编写“双钩书法”“武汉老谦记传统豆丝制作技艺”;(13)商娟编写“迎‘馆星’”“冲菩萨”“武昌起义故事”“付氏皮匠传统制作技艺”“荆楚变脸”“张之洞的传说”“武汉雕花剪纸”“古沙湖的传说”;(14)卢莎编写“紫阳湖的传说”“武当纯阳功”“马应龙的故事”“放鹰台的传说”“宝通寺素食”“长春观素食”“陈保和堂中医疗法”“自然蜂针疗法”;(15)孙叶虹编写“道医”“李白与武汉的传说”“楚国编钟乐舞”“楚凤汉绣”“文昌刺绣”“左岭胡氏装裱及修复技艺”“王泰和传统黑膏药”。由于编者水平有限,如有错漏之处,恳请读者批评指正。

本书是在武昌区文化和旅游局、武昌区文物和非物质文化遗产保护中心的领导和组织下编写的。作为编委会核心成员,葛文凯局长、殷丽君副局长予以多次指导,张志龙、王伟等同志为编写工作提供了大量一手资料,并提出了宝贵的意见和建议。武汉出版社胡新先生亲自约请,协助查阅资料,督促完稿,并与责任编辑杨振先生一起,对书稿严格审校,匡正谬误,使得本书得以顺利面世,在此一并谨致谢忱!

编者

2020 年 12 月